Perguntas e Respostas sobre ALFABETIZAÇÃO

Rossana Ramos
Isabela Barbosa do Rêgo Barros
Renata Fonseca Lima da Fonte
Flávio Rômulo do Rêgo Barros

Perguntas e Respostas sobre ALFABETIZAÇÃO

ILUSTRAÇÕES:
Pollyana Mattana

CORTEZ EDITORA

PERGUNTAS E RESPOSTAS SOBRE ALFABETIZAÇÃO
Rossana Ramos, Isabela Barbosa do Rêgo Barros, Renata Fonseca Lima da Fonte
e Flávio Rômulo do Rêgo Barros

Direção editorial: Miriam Cortez
Coordenação editorial: Danilo A. Q. Morales
Assistente editorial: Amarílis Oliveira
Preparação de originais: Alessandra Biral
Revisão: Tatiana Yumi Tanaka Dohe
Gabriel Maretti
Tuca Dantas
Projeto gráfico e diagramação: Desígnios Editoriais
Capa: Maurelio Barbosa

Dados Internacionais de Catalogação na Publicação (CIP) de acordo com ISBD

Perguntas e respostas sobre alfabetização / Rossana Ramos...[et al.] ; ilustrações Pollyana Mattana. -- 1. ed. -- São Paulo : Cortez Editora, 2025.

Outros autores: Isabela Barbosa do Rêgo Barros, Renata Fonseca Lima da Fonte, Flávio Rômulo do Rêgo Barros.
Bibliografia.
ISBN 978-65-5555-574-5

1. Alfabetização 2. Leitura e escrita 3. Letramento 4. Língua portuguesa - Estudo e ensino 5. Perguntas e respostas I. Ramos, Rossana. II. Barros, Isabela Barbosa do Rêgo. III. Fonte, Renata Fonseca Lima da. IV. Barros, Flávio Rômulo do Rêgo. V. Mattana, Pollyana.

25-266875 CDD-372.41

Índice para catálogo sistemático:

1. Alfabetização : Educação 372.41

Eliane de Freitas Leite - Bibliotecária - CRB 8/8415

Direitos para esta edição
CORTEZ EDITORA
Rua Bartira, 317 — Perdizes
05009-000 — São Paulo — SP
Tel.: (11) 3864-0111
e-mail: editorial@cortezeditora.com.br
www.cortezeditora.com.br

Impresso no Brasil — setembro de 2025

Dedicamos esta obra a nossos alunos e a nossas alunas, bem como aos(às) alfabetizadores(as) guerreiros e guerreiras que lutam a cada dia para que nosso país seja melhor e mais justo.

Agradecimentos

Nossos agradecimentos vão especialmente para as irmãs Mara, Marcia e Miriam Cortez, que bravamente vêm lutando para manter vivo e atuante o legado de seu pai.

E às crianças Miguel, Marina, Maitê, Violeta, Raul e João, nossas inspirações.

Sumário

Prefácio 13

Introdução 19

Pergunta 1 O que são alfabetização e letramento? 23

Pergunta 2 Como o cérebro atua na aquisição da leitura e da escrita? 31

Pergunta 3 Por que as crianças espelham a escrita? 39

Pergunta 4 As pessoas podem aprender a ler sozinhas (sem ir à escola)? 43

Pergunta 5 Quem está apto(a) a se alfabetizar? 47

Pergunta 6 Como deve ocorrer a alfabetização de adultos? 51

Pergunta 7 O que são métodos de alfabetização? 61

Pergunta 8 Eu devo trabalhar com sílabas ainda que o processo de alfabetização não utilize o método silábico? 73

Pergunta 9 O que é a psicogênese da escrita e da leitura? 77

Pergunta 10 Como alfabetizar pela psicogênese da escrita e da leitura? 83

Pergunta 11 Antigamente, era necessário que a criança passasse por um período de "prontidão" para ser alfabetizada. Por que isso mudou? 97

Pergunta 12 Quando e como a alfabetização deve começar? ... 103

Pergunta 13 Todas as crianças estão aptas a aprender a ler e escrever? ... 107

Pergunta 14 O que devemos fazer quando... ... 113

14.1 Percebe-se que a criança/o adulto não está conseguindo aprender as letras ... 114

14.2 A criança/o adulto está no nível de escrita silábico I e ainda não atribui valor sonoro às letras. O que fazer? ... 115

14.3 A criança/o adulto estacionou no nível de escrita silábico II, quando já atribui valor sonoro às letras, mas precisa avançar para o nível alfabético. O que fazer? ... 116

Pergunta 15 Qual é a importância dos conhecimentos fonéticos e fonológicos para os alfabetizadores? ... 121

Pergunta 16 Qual é a diferença entre consciência fonológica e consciência fonêmica? ... 137

Pergunta 17 Qual é a importância dos estudos de morfologia para os alfabetizadores? ... 143

Pergunta 18 O que é a consciência morfológica? ... 151

Pergunta 19 No período de alfabetização, devem ser aplicadas provas? ... 159

Pergunta 20 Como devemos avaliar crianças ou adultos em período de alfabetização? ... 163

Pergunta 21 Como lidar com o preconceito linguístico na fase de alfabetização? ... 167

Pergunta 22 Quais são os erros/desvios ortográficos mais comuns na escrita da criança durante a fase da alfabetização? ... 173

Pergunta 23 Será que tudo é dislexia? ... 185

Pergunta 24 Qual é a importância do jogo na alfabetização? 195

Pergunta 25 Como a tecnologia pode contribuir com a alfabetização? 205

Pergunta 26 O que os(as) professores(as) de Língua Portuguesa dos anos finais do Ensino Fundamental têm a ver com a alfabetização? 211

Pergunta 27 Basta ter o domínio de uma técnica para alfabetizar? 217

Referências 223

Lista de imagens e quadros 233

Sobre as autoras e o autor 235

Prefácio

Criativa, viva, problematizadora: assim é esta obra! Formular e responder a perguntas é a forma como a ciência se constitui; é o jeito como nos inserimos nas interações, ensinamos e aprendemos.

As perguntas formuladas são corriqueiras nos eventos de formação de professores(as) e demandam reflexões aprofundadas. De modo geral, situam-se no campo das polêmicas que constituem a área da educação.

É especialmente relevante a estratégia de, ao responderem às questões, os(as) autores(as) formularem exemplos e mobilizarem autores(as) de diferentes abordagens teóricas. Por meio das citações, paráfrases e exemplificações, conceitos complexos são expostos para introduzir as temáticas a serem aprofundadas pelos docentes. Para isso, são sugeridas novas obras a serem consultadas.

A primeira pergunta, "O que é alfabetização?", é fundante de toda a obra. Temos pensado sobre ela. Em artigo publicado recentemente, construímos a seguinte síntese:

> [...] a alfabetização na perspectiva do letramento é uma abordagem que considera diferentes dimensões do processo de alfabetização: 1) Apropriação de um sistema de escrita alfabética; 2) Desenvolvimento das capacidades de ler e escrever em situações sociais diversas; (3) Conhecimentos sobre as práticas sociais de uso da escrita e oralidade e dos gêneros; (4) Conhecimentos sobre a língua; e (5) Aprendizagem de diferentes conhecimentos por meio da leitura, da fala e da escrita, significativos e importantes para a participação das crianças nas diferentes esferas sociais e fortalecimento de suas identidades sociais. Nesse sentido, a alfabetização inclui o ensino explícito do funcionamento do Sistema de Escrita Alfabética, mas não se restringe a ele (Leal, 2022, p. 165-166).

Ao formular essa síntese, dialogamos, sem dúvida, com os muitos pesquisadores brasileiros que defendem o compromisso com a formação humana crítica dos estudantes e que postulam a indissociabilidade entre alfabetização e letramento. Afirmamos, nesse mesmo artigo, que:

> Temos defendido que as próprias práticas de ensino da escrita são práticas de letramento, de modo que, segundo tal compreensão, o ensino da leitura e da escrita ocorre por meio de eventos de letramento situados historicamente e, assim, a apropriação do Sistema de Escrita Alfabética (SEA) ocorre por meio de eventos que são situações de ensino marcadas pelas especificidades de

dado contexto social em um dado momento histórico (Leal, 2022, p. 166).

No primeiro tópico desta obra, ao abordar tais conceitos, os autores retomam aspectos fundamentais dessa discussão e assumem uma abordagem da alfabetização em sentido amplo, sem desconsiderar especificidades dessa fase de escolarização, e extrapolando as formas reducionistas que têm permeado propostas de alfabetização nas perspectivas mais tradicionais.

Temas como as relações entre alfabetização e consciência fonológica e a alfabetização na Educação Infantil, que ocupam o tempo e a energia de pesquisadores de diferentes abordagens teóricas, são abordados.

No primeiro caso – alfabetização e consciência fonológica –, conceitos como consciência fonológica, consciência fonêmica, relações grafofônicas são citados. Expor tais conceitos é, sem dúvida, uma necessidade nos processos formativos. A indicação de que a consciência fonêmica implica ter consciência da unidade sonora mínima das palavras – fonemas – é um dos aspectos citados na obra, que mobiliza as formulações elaboradas por Morais (2004), em texto em que o pesquisador apresenta evidências de que as habilidades de segmentar fonemas nas palavras não são boas preditoras da alfabetização, embora saber que há uma unidade sonora mínima seja, de fato, uma das apropriações importantes no processo de alfabetização.

O destaque feito à importância da consciência fonológica é um dos aspectos positivos da obra, pois, como é defendido por Morais (2012), para que a criança, o jovem ou o adulto compreendam o funcionamento do sistema notacional, eles precisam ter consciência de que: a língua falada pode ser segmentada em partes; há semelhanças sonoras entre as palavras; e a escrita tem relação com a pauta sonora. É importante, portanto, que o aprendiz seja capaz de: segmentar palavras em sílabas oralmente, identificar pedaços orais das palavras, comparar palavras quanto às semelhanças sonoras, reconhecer partes orais de uma palavra em outras palavras, reconhecer e produzir rimas e aliterações.

O outro tipo de relação citado anteriormente – alfabetização e Educação Infantil – é igualmente polêmico, gerando inúmeras controvérsias. Os autores posicionam-se acerca de haver, nas vivências infantis, o contato muito precoce com a escrita, de modo que, para as crianças, a escrita faz parte do mundo. A esse respeito, temos defendido que, na Educação Infantil,

> [...] é importante garantir que as crianças vivenciem situações diversificadas de contato com a escrita. Tal defesa, no entanto, articula-se à proposição de que nesta faixa etária a brincadeira constitui-se atividade central do cotidiano infantil. É brincando que as crianças participam do mundo adulto e apreendem suas características. Brincando, elas podem, também, ingressar na cultura escrita. Em suma, propomos que, na Educação Infantil, sejam

garantidas situações de convívio com a escrita, sem, no entanto, tornar tais vivências um fardo para as crianças (Brandão; Leal, 2010, p. 21).

Esses temas, entre tantos outros, permeiam este livro, que, de forma sintética, contribui para que professores(as) alfabetizadores(as) entrem no debate e se sintam inspirados(as) a também tentar responder às perguntas feitas. Esta é sua maior qualidade: é uma obra que convida ao debate, desafia o pensar, demanda reflexão e estabelecimento de relações de intertextualidade com outras obras, outros olhares, na certeza de que são múltiplos os modos de conceber a alfabetização e seus processos.

Outra grande qualidade deste conteúdo é apontar para a multiplicidade de questões que constituem a prática docente, demandando saberes diversos, que de modo articulado perpassam as ações pedagógicas nos espaços educativos. De fato, a alfabetização é complexa e multifacetada. Muitas indagações provocam modos diversos de concebê-la. Esta obra aponta para as múltiplas dimensões que constituem esse debate.

Telma Ferraz Leal

Referências

BRANDÃO, Ana Carolina Perrusi; LEAL, Telma Ferraz. Alfabetizar e letrar na Educação Infantil: o que isso significa?. *In*: BRANDÃO, Ana Carolina Perrusi; ROSA, Ester Calland de Sousa (org.). *Ler e escrever na Educação Infantil*: discutindo práticas pedagógicas. Belo Horizonte: Autêntica, 2010.

LEAL, Telma Ferraz. Concepção de alfabetização em documentos curriculares: comparação Brasil Argentina. *Revista Linhas*, Florianópolis, v. 23, n. 51, p. 160-189, 2022.

MORAIS, Artur Gomes de. *A apropriação do sistema de notação alfabética e o desenvolvimento de habilidades de reflexão fonológica*. Porto Alegre: Letras de Hoje, 2004.

MORAIS, Artur Gomes de. *Sistema de escrita alfabética*. São Paulo: Melhoramentos, 2012.

Introdução

Olá, colegas professores e professoras!

Nossa iniciativa em publicar um livro voltado para todos os alfabetizadores teve por base diversos fatores: nosso trabalho de pesquisa ao longo do tempo sobre o processo de aquisição da leitura e da escrita, os projetos de extensão por nós desenvolvidos em nossas universidades, a participação em eventos de formação de professores(as) e, sobretudo, os índices de analfabetismo e alfabetismo em níveis preocupantes em nosso país.

Esses índices evidenciam que, além das diferenças entre as idades, existem desigualdades raciais e regionais. Dados da Pesquisa Nacional por Amostra de Domicílios (PNAD) Contínua: Educação 2022, divulgada pelo IBGE no *site* de sua agência de notícias, em 7 de junho de 2023, revelam que, em relação aos brancos, a taxa de analfabetismo é 3,4% entre aqueles com quinze anos ou mais. No que se refere à população preta e parda, segundo os critérios da PNAD, essa taxa é 7,4%. A diferença aumenta entre aqueles com sessenta anos ou mais. Enquanto 9,3% dos brancos não sabem ler ou escrever, entre os pretos e pardos, esse percentual é cerca de três vezes maior: 23,3%.

A Região Sudeste apresenta as menores taxas de analfabetismo, 2,9% entre os brasileiros que têm quinze anos ou mais. Na Região Sul, são 3%; na Região Centro-Oeste, a taxa é 4%, e, na Região Norte, 6,4%. Segundo a PNAD, a maior parte do total de analfabetos com quinze anos ou mais, 55,3% (o que corresponde a 5,3 milhões de pessoas), vive na Região Nordeste. O analfabetismo na Região Nordeste alcança 11,7% da população. Entre os que têm sessenta anos ou mais, as taxas são 8,8% no Sudeste e 32,5% no Nordeste (Agência Brasil, 2023; Agência IBGE Notícias, 2023).

Isso nos faz crer que o Brasil ainda não resolveu o problema do analfabetismo e dos graus de alfabetismo, apesar dos pactos e dos programas que vimos sendo desenvolvidos ao longo do tempo, a exemplo da Lei n. 12.796/2013, que tornou obrigatória a educação básica a partir dos quatro anos de idade. Isso proporcionou que o País alcançasse, em 2022, o percentual de 91,5% na taxa de escolarização de crianças de quatro a cinco anos de idade.

Entre tantas questões envolvidas no cenário da educação brasileira, elegemos uma que nos pareceu muito importante: a formação do(a) professor(a) alfabetizador(a). Sendo a maioria pedagogos(as), cuja formação acadêmica evidente nos currículos dos cursos de Pedagogia não oferece o conhecimento adequado sobre estudos linguísticos imprescindíveis a quem ensina a ler e escrever. Esses profissionais "fazem o que podem e o que sabem". Em virtude disso, dessa carência de um conhecimento teórico adequado por parte dos(as) professores(as), o que se observa em relação à competência dos alunos do Ensino Básico para os usos da linguagem é um quadro bastante deficiente que se revela por meio das avaliações nacionais e internacionais.

Assim sendo, nossa proposta nesta obra é, além de levantar a questão da formação do(a) professor(a) alfabetizador(a), contribuir com conhecimentos teóricos e metodológicos que auxiliem as práticas diárias da alfabetização. Pensamos em um livro que trouxesse à tona não todas as questões, mas aquelas que envolvem, sobretudo, os aspectos linguísticos, campo sobre o qual temos certo domínio. Claro, ensinar a ler e escrever não implica somente os saberes de natureza linguística. Há muito que aproveitar de outras áreas como a Pedagogia, a Psicologia, a Sociologia, a Antropologia, a Fonoaudiologia, entre outras. Todavia, tratando-se da escrita de uma atividade relacionada à linguagem, entendemos que esses estudos se fazem imprescindíveis. Além disso, sem perder de vista a teoria, a linguagem que aqui utilizamos é de aproximação com os(as) professores(as), ou seja, muitas vezes, fugiremos do gênero acadêmico rígido para estabelecer uma "conversa".

Assim sendo, com o intuito de sermos objetivos, adotamos aqui uma metodologia que vá diretamente ao encontro das questões mediante as quais os(as) alfabetizadores(as) se deparam em seu trabalho. Desse modo, em forma de perguntas e respostas e narrativas dos(as) próprios(as) professores(as) alfabetizadores(as), a obra busca contribuir com a realidade vivida na sala de aula.

Por fim, convidamos todos e todas para compartilhar conosco as ideias apresentadas nesta obra, bem como contribuir com novas perguntas que possam ampliar os conhecimentos sobre a tarefa de alfabetizar.

Os autores

Pergunta 1

O QUE SÃO ALFABETIZAÇÃO E LETRAMENTO?

Os conceitos de alfabetização e letramento vêm sendo discutidos ora como distintos, ora como complementares. Como distintos, a alfabetização seria o processo inicial quando o indivíduo consegue (de)codificar o sistema alfabético, enquanto o letramento implica o desenvolvimento do uso competente da leitura e escrita nas práticas sociais. Como complementares, a aquisição do sistema alfabético deve iniciar com vistas para o letramento. Seria o caso, por exemplo, de começarmos a alfabetização por textos, de preferência, que as crianças/os adultos conheçam: rótulos de produtos, receitas, músicas ou parlendas, e não por sílabas ou palavras soltas que podem não fazer sentido para o alfabetizando. Nessa direção, do todo para as partes, a criança/o adulto vai localizando as palavras que, em seguida, serão analisadas quanto a sua formação: quantidade de letras, de sílabas, entre outros exemplos, isto é, o processo de codificação e o de decodificação.

Com relação ao letramento propriamente, a questão é complexa e se amplia, tendo em vista que é um conceito relativamente novo que vem suscitando uma série de estudos. Entre eles, destacam-se as ideias de Street (2014), que distinguem as práticas de letramento por meio dos modelos autônomo e ideológico. Por modelo autônomo, entende-se ser aquele que ocorre pelo uso da linguagem, com vistas para as habilidades individuais do sujeito. No campo da alfabetização, poderíamos exemplificar esse modelo a partir do uso de textos descontextualizados contidos em livros didáticos e cartilhas que priorizam a mecânica da escrita e da leitura, sem considerar o sentido que estes produzem nos leitores. Mais especificamente, referimo-nos aos métodos de silabação ou palavração que, na maioria das vezes, não consideram o contexto sociocultural dos alunos.

Já o modelo ideológico acredita que o aprendizado da escrita se dá considerando-se as práticas concretas e sociais, ou seja, as práticas letradas são produto da cultura, da história e do discurso.

Um exemplo dessa questão se deu em uma experiência de um projeto de extensão da Universidade de Pernambuco desenvolvida com alunos de uma escola em uma ilha do Rio São Francisco, a Ilha do Massangano, localizada em Petrolina (PE). Nosso propósito (coordenador e alunos de graduação) era o de alfabetizar quinze alunos do 5º Ano do Ensino Fundamental, a maioria em nível silábico. Verificamos que todos haviam se submetido ao processo de alfabetização pelo método fônico Alfa e Beto. Ao analisar esse material, observamos que se tratava de uma metodologia que, sobretudo, em relação ao vocabulário, distanciava-se totalmente do contexto social dos alunos. Tanto do ponto de vista geográfico quanto cultural, aquela comunidade apresenta características muito peculiares. São oriundos de um grupo quilombola que pratica atividades como uma dança intitulada "Samba de Veio", planta e pesca para garantir a sobrevivência.

Desse modo, nossa estratégia para iniciar o processo de alfabetização foi entender a dinâmica daquele grupo, sobretudo do modo de vida das crianças, para que empreendêssemos uma prática pedagógica adequada. Observamos que a maioria delas trabalha na lavoura ou no serviço da casa no período contrário à escola. Resolvemos conversar com os pais no sentido de que fossem dispensados dessas obrigações e viessem à escola para "estudar" conosco. Feito isso, elaboramos um plano que compreendia primeiramente um "passeio leitura" (Kleiman, 2005). Munidos de papel e lápis, percorremos a ilha observando a paisagem. As crianças eram nossos guias. Descreviam os lugares, a fauna, a flora, as casas e seus moradores, dados esses que anotávamos em uma espécie de diário. Levamos três dias para fazer o percurso de três quilômetros quadrados.

Voltamos então à sala de aula para ler as informações que havíamos conseguido. Começamos pelos nomes das pessoas. Falávamos o nome e as crianças iam tentando acertar as letras que compunham as palavras. Depois referimos às plantas, aos animais (pássaros, peixes, entre outros). Conversamos sobre os apelidos – em comunidades pequenas, é comum as pessoas se conhecerem por apelidos, não pelos nomes. Enfatizamos também a questão da nomenclatura de animais e plantas que em cada região têm nomes diferentes.

Figura 1 A fotografia corresponde a um serviço de conserto de panelas que passa de vez em quando pela Ilha do Massangano

Fonte: Arquivo pessoal.

O trabalho estendeu-se por meses. Histórias (lendas), fatos e outras narrativas foram sendo contadas pelas crianças. Com uma máquina fotográfica em mãos, as crianças fotografaram os "escritos da ilha". As fotos eram apresentadas por um projetor para que analisássemos as imagens e a escrita.

O trabalho específico com a aquisição do sistema alfabético – reconhecimento de grafemas, fonemas, palavras – foi sendo realizado tanto por meio da escrita propriamente dita das palavras e histórias quanto por jogos e brincadeiras que suscitavam a análise linguística. Após oito meses de trabalho, as quinze crianças alcançaram o nível alfabético ainda que com falhas.

O que podemos inferir dessa empreitada bem-sucedida é que aquelas crianças que antes eram consideradas indisciplinadas, desinteressadas e com dificuldades de aprendizagem, na verdade, não viam qualquer sentido nas leituras e escritas que lhes eram propostas pela escola. Os exercícios de cópia de letras e palavras sem qualquer relação com o modo de vida delas não lhes despertavam interesse. A partir do momento que seus contextos geográficos e socioculturais passaram a ser valorizados, a escrita e a leitura fizeram sentido para elas.

Voltando às argumentações de Street (2014), entendemos que existem outros letramentos além do dominante e que, na maioria das vezes, não estão relacionados à escolarização. Quando defende o modelo ideológico, o autor nos informa que "aprender letramento" não é simplesmente adquirir conteúdo, mas aprender como um processo. Nesse sentido, acredita-se que é dever do(a) professor(a) conceber o letramento como prática social, com o propósito de ampliar as capacidades comunicativas dos alunos.

Para ampliar seus saberes sobre essa questão, recomendamos:

- Vídeos:

SOARES, Magda. Alfabetização e letramento. *Andreia Ines*, 16 maio 2017 (8:33 min). Disponível em: https://www.youtube.com/watch?v=aworj9UvHgk. Acesso em: jul. 2023.

SOARES, Magda. Alfabetização e letramento: teorias e práticas. *Abralin*, 31 jul. 2020 (2:26 min). Disponível em: https://www.youtube.com/watch?v=UnkEuHpxJPs. Acesso em: jul. 2023.

Pergunta 2

COMO O CÉREBRO ATUA NA AQUISIÇÃO DA LEITURA E DA ESCRITA?

Certa vez, em uma aula de curso de pós-graduação, uma jovem professora lançou a pergunta que abre este capítulo: "Como ocorre a alfabetização no cérebro?". A melhor maneira de responder à questão é começar informando que, apesar de anatomicamente ser dividido em áreas, o cérebro atua em conjunto no processo de alfabetização.

Ele é formado por duas metades ou hemisférios cerebrais ligadas(os) por meio do corpo caloso, que é composto por um grande feixe de fibras brancas constituído pelos neurônios, as principais células cerebrais. A rede formada pelos neurônios espalha-se pelo cérebro, possibilitando que, praticamente, todas as regiões cerebrais estejam envolvidas de alguma forma com a linguagem. Mas é claro que, para que aconteça todo o processo de linguagem, é preciso que os neurônios estejam intactos.

Tradicionalmente, afirma-se que o hemisfério esquerdo é dominante para a linguagem na maioria da população, e o hemisfério direito é o responsável pelo processamento dos aspectos pragmáticos da linguagem. Ambos apresentam duas extremidades: anterior ou frontal; posterior ou occipital.

A face externa do cérebro divide-se em quatro lobos: frontal, parietal, temporal e occipital.

Figura 2 Representação das áreas cerebrais

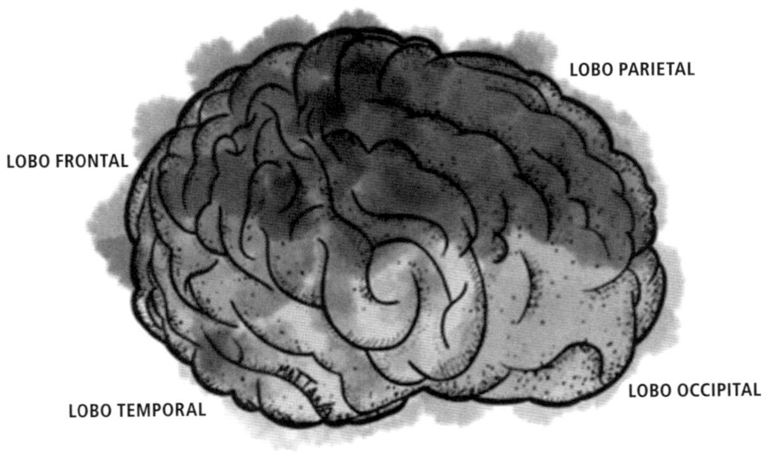

Fonte: Pollyana Mattana.

Lobo frontal

Ocupa a parte anterior dos hemisférios. Nele, situa-se a área de Broca, pois foi nela que, em 1861, Paul Broca

(1824-1880), médico francês, localizou o centro cerebral responsável pela expressão da linguagem. A área de Broca participa do processo de decodificação fonológica e de organizar a resposta motora com a finalidade de executar a articulação da fala após receber o estímulo transmitido e processado pela área de Wernicke.

Lobo parietal

Ocupa a porção superior do cérebro. As áreas do lobo parietal são responsáveis pelas questões visoespaciais da grafia, pois estão relacionadas ao processamento das informações táctil e proprioceptiva. Segundo Jakubovicz e Meinberg (1981), acredita-se que a área do encontro entre a parte inferior do lobo parietal e o lobo temporal exerça grande importância nos processos de compreensão da linguagem falada e escrita. A região temporoparietal, segundo Buchweitz (2016), é responsável pelo desenvolvimento da rota fonológica (associações letra-som).

Lobo temporal

Situa-se na parte lateral inferior. Nele, está a área de Wernicke, que recebeu esse nome em homenagem ao neurologista e psiquiatra alemão Carl Wernicke (1848-1905). Na área de Broca, a área de Wernicke é considerada uma das regiões encarregadas da fala. Está relacionada ao conhecimento, à interpretação e à associação de informações, mais especificamente à compreensão da linguagem escrita e falada.

Lobo occipital

Localiza-se na parte posterior do hemisfério cerebral. Essa parte do cérebro é muito requisitada para processar as imagens e para regular importantes funções, como: a visão, a elaboração do pensamento e da emoção, a interpretação das imagens, o reconhecimento dos ruídos e do espaço e a discriminação do movimento e das cores. De acordo com Buchweitz (2016), a região occipitotemporal também é conhecida como a "área da forma visual das palavras" e está encarregada do reconhecimento de letras e da adaptação do circuito visual para leitura.

Após essa breve apresentação da anatomia cerebral, ressaltamos que, de acordo com a neurofisiologia, a linguagem efetiva-se em uma rede neuronal de processamentos, a começar pela captação dos estímulos visuais ou auditivos do meio exterior e transmissão deles para a área de Wernicke (lobo temporal), que reconhece o padrão de sinais recebidos e interpreta-os. Simultaneamente, na porção inferior do lobo temporal, são formadas imagens do que se ouviu e, no lobo parietal, são armazenados conceitos relacionados a elas. Para execução da fala, além das áreas de controle motor e as responsáveis pela memória, há, inicialmente, a representação interna do assunto, que é canalizada para a área de Broca (lobo frontal) e convertida nos padrões necessários à fala.

Durante a aquisição da leitura e da escrita, acionam-se várias áreas do cérebro (Schirmer; Fontoura; Nunes; 2004; Coltheart, 2013). No modelo de desenvolvimento da linguagem escrita de Frith (1990), mencionado por Capovilla, Varanda e Capovilla (2006), identificamos três estágios na alfabetização nos quais a criança desenvolve rotas ou estratégias de leitura.

Ressaltamos que os estágios não são fixos nem sucessivos, isto é, a criança pode apresentar características de mais de um estágio ou transitar entre os estágios de modo tão rápido que os torna quase imperceptíveis:

a) **Logográfico**: Nele, a criança desenvolve estratégias logográficas que correspondem à associação visual das propriedades multimodais das palavras, ou seja, a cor, o tamanho e o formato da letra conforme o contexto em que a criança viu a palavra. Durante o processamento visuoperceptivo do estímulo gráfico, ela faz uma análise visual do texto. No reconhecimento visual, a criança não se fixa na ordem das letras na palavra, focando-se apenas a primeira letra para realizar a leitura.
b) **Alfabético:** Nele, a criança utiliza a rota ou a estratégia fonológica na qual desenvolve a competência de associar letra e som realizando a decodificação de pseudopalavras e palavras novas regulares.
c) **Ortográfico:** Nele, a criança desenvolve a rota ou estratégia lexical, reconhecendo visualmente a forma ortográfica das palavras, passando a ler palavras irregulares desde que sejam conhecidas por ela.

Durante a alfabetização, o indivíduo deve descobrir que há letras que não correspondem ao som da fala e que um som pode ser representado por diferentes letras. Para verificarmos a habilidade de leitura, é preciso aplicar atividades em que seja possível perceber a decodificação, a fluência e a compreensão da escrita daquele que lê. Podem ser textos simples, com frases curtas que ativem os aspectos pragmáticos, como as cantigas de roda e os cordéis, como o utilizado no exemplo ilustrativo a seguir:

Figura 3 Cordel

OS CARRINHOS

OS CARRINHOS ERAM FEITOS
A PARTIR DA LATA USADA
NAS EMBALAGENS DE ÓLEO
OU DE DOCE DE GOIABA
DEPOIS DE ESTICAR A LATA
A ESTRUTURA ERA MONTADA

FICAVAM BEM COLORIDOS
TODA CRIANÇA GOSTAVA
DE BRINCAR COM AQUELE CARRO
COM UM BARBANTE PUXAVA
NA PRACINHA OU NA CALÇADA
O CARRINHO ARRASTAVA

TRECHO DO CORDEL
BRINQUEDOS POPULARES,
DE ANA RAQUEL CAMPOS

Fonte: Arquivo pessoal (Maitê, de 3 anos).

O(A) professor(a) deverá realizar uma leitura conjunta com a turma. Depois da leitura, o(a) professor(a) inicia uma rodada de conversa sobre o texto:

- Do que eram feitos os carrinhos?
- Alguém já brincou de carrinho de lata?
- Onde as crianças brincavam?

Em seguida, pode-se solicitar aos aprendizes que ilustrem livremente o texto. Com base nas respostas do grupo e na explicação sobre o desenho realizado, o(a) professor(a) terá conhecimento se a leitura foi efetiva, ou seja, se os leitores conseguiram ler e compreender o texto.

Para ampliar seus saberes sobre essa questão, recomendamos:

- Artigo

FONSECA, Rochele Paz; SCHERER, Lilian Cristine. Cognitive neuroscience: behavioral and neuroimaging studies on language processing. *Psychology & Neuroscience*, Rio de Janeiro, v. 2, n. 2, p. 99-100, dec. 2009. Disponível em: https://www.scielo.br/j/pn/a/fcyMdxDWPmQFwwmyFSYJx9m/?lang=en. Acesso em: jul. 2023.

- Vídeo

COMO o cérebro da criança aprende a ler na alfabetização? Neurociência com Stanislas Dehaene. *Escribo – Educação do seu jeito,* 17 nov. 2020 (28:15 min). Disponível em: https://www.youtube.com/watch?v= BmRDFaBYlWs. Acesso em: jul. 2023.

Pergunta 3

POR QUE AS CRIANÇAS ESPELHAM A ESCRITA?

A alfabetização é um processo de construção de hipóteses sobre o funcionamento do sistema alfabético de escrita. Escrever não é desenhar, pois implica deixar, em uma superfície, marcas que serão lidas por um interlocutor e pelo próprio escrevente. Quando as crianças estão no processo de construção da escrita, é comum ocorrer o processo de ensaio e erro, pois estão experimentando um novo sistema de notação. Logo, torna-se corriqueiro encontrar nas produções infantis inversões na direção de letras e números. Essas inversões são denominadas **escrita espelhada**. Mas por que isso ocorre?

Em primeiro lugar, antes de deixar seus registros gráficos por aí, as crianças precisam ter alguns conhecimentos sobre a técnica da escrita. Escrever também demanda uma técnica, afinal, elas precisam aprender a pegar no lápis (controle motor), ter uma adequada postura e controle corporal e do tônus muscular (força dispensada para escrever) e saber que a nossa escrita ocidental obedece à direção da esquerda para a direita e de cima para baixo na folha de papel (orientação espacial e noção de lateralidade).

Para escrever, as crianças ainda precisam entender que a escrita compreende marcações gráficas que servem para comunicar ou registrar o que se quer, formadas basicamente de traços e círculos, havendo simetrias na direção de algumas letras e números: b e d; q e p; 3 e E; 6 e 9; 5 e S.

Figura 4 Bilhete de Natal

Fonte: Arquivo pessoal (João, 5 anos).

Observamos, no texto anterior, “O Papai *Noeu* eu pedi um relo[gio] *du* Bem” [*acréscimo nosso*], que a criança redigiu sua mensagem de forma totalmente espelhada e, ao fim do papel, ainda continuou sua escrita circundando as bordas da folha.

Muitos estudos informam que a escrita de alguns grafemas ou números espelhados é encontrada até os 6 ou 7 anos de idade, entretanto, é bom saber que esse marco também depende das experiências anteriores da criança com a escrita, além de maturidade infantil, nível de escolaridade, tipos de inversões e frequência da ocorrência. A escrita espelhada envolve um processo natural na aprendizagem inicial da escrita.

Sobre essa questão, fazemos a seguinte pergunta: você conhece algum adulto que realize escrita espelhada? Provavelmente não. Então, isso prova que o espelhamento é um processo natural que acaba com o tempo. Entretanto, se o espelhamento na escrita persistir para além da maturação cerebral e da noção de lateralidade definida, a dica é procurar a orientação de um fonoaudiólogo.

Para ampliar seus saberes sobre essa questão, recomendamos:

- Artigo

VALENTE, Antonio. A escrita espelhada como manifestação do pensamento pré-operatório. *Cadernos de Pesquisa*, São Paulo, n. 51, p. 80-84, nov. 1984. Disponível em: http://educa.fcc.org.br/pdf/cp/n51/n51a08.pdf. Acesso em: jul. 2023.

Pergunta 4

AS PESSOAS PODEM APRENDER A LER SOZINHAS (SEM IR À ESCOLA)?

Sim, isso é possível. Há algumas situações em que a criança ou o adulto aprende a ler sem ajuda de outros, apenas em contato com a escrita. Observam-se também casos em que o mediador é alguém leigo, ou seja, não é um professor.

Caso 1

Aprendi a ler sozinha com 4 anos. Meu avô tinha o hábito de ler em voz alta. Eu sentava em seu colo e ficava tentando identificar onde estavam as palavras que ele pronunciava. Depois de certo tempo, já conseguia identificar algumas palavras que se repetiam no texto. Lembro-me de ficar pensando nelas à noite antes de dormir. Um dia, pedi à minha avó que me ensinasse as letras e ela as escreveu em um papel. Fui copiando nas linhas abaixo e consegui de memória escrever as palavras que havia decorado. A partir daí, não me lembro do que aconteceu. Só sei que um dia li em um anúncio no trem a palavra "fubá". Todos se impressionaram com aquilo. Minha mãe começou a comprar revistinhas em quadrinhos e eu lia as histórias fluentemente.

Caso 2

Naquele tempo, não era comum as crianças irem para a escola, principalmente as meninas. Aí, quando eu já estava maiorzinha, minha irmã menor foi para a escola. Ela trouxe pra casa uma cartilha em que fazia as lições de casa. Eu sempre ficava perto quando ela copiava as letras e as dizia em voz alta. Depois, eu me lembro de que as juntava para escrever palavras. Com isso, fui entendendo como era o processo. Um dia, descobri que podia ler tudo que estava à minha volta. Tenho 39 anos, nunca fui à escola, mas sei ler. Já minha escrita, eu sei que não é boa.

Há também alguns casos em que o mediador é um leigo, que pode ser um familiar, um amigo, entre outros, que intermedia a alfabetização. Um caso conhecido é o do seringueiro e ativista ambiental Chico Mendes (1944-1988), que aprendeu a ler somente no início da fase adulta com um vizinho, o refugiado político Euclides Fernandes Távora, que não só alfabetizou o jovem seringueiro, mas também teve grande influência na vida dele.

Todavia, a alfabetização, em sociedades grafocêntricas como a nossa, está institucionalizada, cabendo à escola e aos(às) professores(as) realizá-la. Atualmente, essa tarefa é desenvolvida pelos(as) professores(as) pedagogos(as) que atuam do 1º ao 5º Ano do Ensino Fundamental, devendo ocorrer nos primeiros dois anos de escolarização.

Para ampliar seus saberes sobre essa questão, recomendamos:

- Livros

FERREIRO, Emilia; TEBEROSKY, Ana. *A psicogênese da língua escrita*. Tradução: Diana Myriam Lichtenstein, Liana Di Marco e Mário Corso. Porto Alegre: Artes Médicas, 1985. 248 p.

OLSON, David R. *O mundo da escrita:* como a escrita transforma o pensamento humano. Tradução: Maria Lúcia de Oliveira. São Paulo: Editora Unesp, 1997. 330 p.

SOARES, Magda. *Alfabetização de jovens e adultos*. 11. ed. Belo Horizonte: Autêntica, 2017. 136 p.

- Vídeo

SAMPAIO, Luzinete (professora). *Podcast MonteclaroCast*. 2024. (88 min). Disponível em: https://www.youtube.com/watch?v=QaXiamTaNuk. Acesso em: 25 jan. 2025.

Pergunta 5

QUEM ESTÁ APTO(A) A SE ALFABETIZAR?

A *priori,* todas as pessoas podem se alfabetizar, até mesmo aquelas que apresentem necessidade educativa especializada, cuja especificidade não tenha afetado a faculdade da linguagem. Da nossa experiência, observamos que crianças a partir dos 4 anos já se alfabetizam. Todavia, seria normal que uma criança demorasse mais tempo. Isso vai depender de uma série de fatores que nem sempre dizem respeito à questão cognitiva, ou seja, às chamadas "dificuldades de aprendizagem".

Caso 1

Gabi, aos 8 anos, ainda não estava alfabetizada. Apesar de todos os esforços da professora e dos pais, pessoas com alta escolaridade, não apresentava qualquer avanço no processo de escrita e leitura. Foi então que os pais resolveram levá-la ao médico oftalmologista para uma consulta. Resultado: Gabi não enxergava bem, o que a impedia de ler e escrever.

Caso 2

João, de nove anos, ainda não estava alfabetizado. Por esse motivo, foi reprovado duas vezes, permanecendo no 1º ano, apesar da idade. Quando avaliado por uma professora que conhecia a psicogênese da escrita, descobriu que esse aluno estava no período silábico e que, portanto, sua escrita não era levada em conta pelas professoras das classes por quais passou, já que essas profissionais desconheciam os níveis de escrita. Auxiliado pela professora que o avaliou, João avançou para o nível alfabético em curto espaço de tempo.

Sobre os adultos, a questão se torna mais complexa, tendo em vista que muitos já passaram pela escola no período da infância e não conseguiram aprender a ler nem escrever. Esse fato, segundo Soares (2003), pode ter-lhes causado uma espécie de consciência do não saber, isto é, consideram-se incompetentes para a aquisição da leitura e da escrita. Assim sendo, essas pessoas terão mais dificuldade em aceitar que, apesar da idade, são capazes de se alfabetizar. Isso implica o(a) professor(a) da Educação de Jovens, Adultos e Idosos ter sensibilidade e conhecimento para auxiliar os alunos no sentido de melhorar o autoconceito[1].

Para ampliar seus saberes sobre essa questão, recomendamos:

- Livro

COSENZA, Ramon M.; GUERRA, Leonor B. *Neurociência e educação:* como o cérebro aprende. Porto Alegre: Artmed, 2011.

- Documentário

O COMEÇO da vida. Direção: Estela Renner. Produção: Maria Farinha Filmes. Brasil, 2016. (97 min). Disponível em: https://www.netflix.com/br/title/80079124. Acesso em: 23 jul. 2025.

1. O autoconceito é a avaliação feita pelo indivíduo daquilo que sabe.

Pergunta 6

COMO DEVE OCORRER A ALFABETIZAÇÃO DE ADULTOS?

Começamos esta discussão sobre a alfabetização de adultos com Pinto (2005, p. 80-81):

> [...] sua situação de analfabeto ou de semianalfabeto não representa um obstáculo à consciência de seu papel (seu dever) social. A falta de educação formal não é sentida pelo trabalhador adulto como aniquiladora, quando a outra educação – a que é recebida por sua participação na realidade social, mediante o trabalho – proporciona os fundamentos para a participação política, a atuação do indivíduo em seu meio.
>
> [...] exercem importante papel como representantes da consciência comum em uma sociedade, chegando até a serem líderes de movimentos sociais. A

> sociedade se apressa em educá-los não para criar uma participação, já existente, mas para permitir que esta se faça em níveis culturais mais altos e mais identificados com os estandartes da área dirigente, cumprindo o que julga um dever moral, quando, em verdade, não passa de uma exigência econômica.

Entendemos que o autor nos alerta para o fato de que a alfabetização de adultos no Brasil sempre foi uma iniciativa voltada para formação de mão de obra mais qualificada e não para promover o processo de cidadania (Romanelli, 1978).

Para que se atue na alfabetização de adultos, é necessário primeiramente que se identifique esse indivíduo que vai para a escola com o objetivo de aprender a ler e escrever tardiamente. *A priori,* é alguém que:

- É oriundo das classes pobres.
- Geralmente, é filho de pais analfabetos.
- Tem capacidade intelectual.
- Não frequentou ou frequentou por pouco tempo a escola.
- Sua inserção social ocorre pelo trabalho.
- É alguém que inteligentemente, apesar de não saber ler nem escrever, sobrevive e é pai ou mãe de família, tendo que resolver questões da casa, dos filhos, entre outras.

Esse último item é, sem dúvida, um dos fatores que influencia a evasão dos alunos das classes de Educação de Jovens, Adultos e Idosos (Ejai). Todavia, Gagno e Portela (2003) consideram a metodologia vigente como uma barreira para quem precisa utilizar com urgência o que aprende na escola. Apresentar tudo pronto, como geralmente ocorre nos livros didáticos desse segmento, não alcança os anseios do aluno da Ejai, que tem de resolver problemas diários no que se refere à leitura e à escrita.

Brandão (1993, p. 51) argumenta que [...] "o fenômeno da evasão e repetência longe está de ser fruto de características individuais dos alunos e suas famílias. Ao contrário, reflete a forma como a escola recebe e exerce ação sobre os membros destes diferentes segmentos da sociedade".

Do ponto de vista pedagógico, é preciso considerar que, mesmo sem decodificar o sistema alfabético, ao longo do tempo, esse indivíduo constrói saberes sobre a escrita. É capaz, por exemplo, de "ler" palavras decoradas, como rótulos de produtos, legendas do transporte, entre outras palavras com as quais convive em sua vida diária.

Para superar o desconhecimento da escrita, muitos se valem da estratégia de "ler pelos olhos dos outros":

1) Dizem que não estão enxergando.
2) Alegam não entender aquele tipo de letra.
3) Dizem: "Eu leio pouco".

Caso 1

Jandira, de 50 anos, cozinheira, conseguia identificar os rótulos dos produtos que utilizava para fazer a comida. Até que, um dia, colocou amaciante de roupa na frigideira achando que era óleo vegetal. Desculpou-se dizendo que estava distraída, mas na verdade os vasilhames e os rótulos desses produtos eram bem parecidos.

Para alfabetizar adultos, temos ainda de refletir sobre a seguinte questão: O que teria impedido aquele aluno de se alfabetizar? Geralmente, isso se relaciona com o método ou com a abordagem realizada pelo(a) professor(a), quando outrora esteve na escola. Todavia, há questões que não se relacionam diretamente com a didática, mas que, para serem superadas, implicam saberes mais amplos por parte dos(as) professores(as).

Caso 2

Felipe, de 19 anos, chegou à Ejai com o objetivo de aprender a ler e escrever para poder registrar as letras de *rap* que compunha. Ao ser questionado por que achava que não tinha aprendido a ler quando criança, respondeu que, por ser gago, a professora já no primeiro dia de aula disse que ele teria muita dificuldade para se alfabetizar, no que ele certamente acreditou. Ao longo do período em que esteve na escola, foi sempre alvo de chacotas e ironias dos colegas, o que o levou a desistir de estudar no 4º ano.

Caso 3

> Helena relata que não conseguia decorar as letras e as sílabas, o que lhe valia pancadas da mãe quando lhe "ensinava" a lição de casa. Desse modo, aos 9 anos, saiu da escola para trabalhar em casa de família como doméstica.

Esses relatos são importantes porque, além de nos informar sobre quando se deu o nó, nos auxiliam a planejar as estratégias didáticas adequadas.

Outra questão também muito importante, por se tratar de pessoas que há tempos convivem com escrita, é observar **qual é o nível de escrita e de leitura de cada um dos alunos**. Mais do que em classes de crianças, a classe de adultos apresenta um cenário muito heterogêneo. Desse modo, é preciso que se pense em um plano didático que atenda a todos, sem desqualificar ou supervalorizar ninguém.

Deve-se pensar também para esse segmento escolar uma questão importantíssima: o letramento social dos alunos. Por serem adultos, já participam de práticas sociais importantes como o trabalho, a política, a cultura de modo geral, além de já terem uma história de vida. Assim sendo, seus interesses se voltam para temas distintos das crianças.

Aprender a ler e escrever para essas pessoas é certamente uma forma de reinserção e ascensão social.

Caso 4

Jorge, de 42 anos, ajudante de pedreiro, entrou na escola para poder aprender a ler e escrever, já que a empresa em que trabalhava só o promoveria a pedreiro se aprendesse a ler os projetos e identificar os itens da lista do material. Esse relato orientou o trabalho da professora no sentido de inserir em seu plano (projeto de letramento) o tema "A casa". Os alunos desenharam suas próprias casas, escreveram de que eram feitas (os materiais), o que precisava ser feito para que ficasse mais confortável e, por fim, Jorge foi convidado a dar uma aula sobre a construção de uma casa.

Caso 5

A professora levou para a sala um texto de uma receita de bolo bem simples. Marinalva, de 52 anos, sugeriu que, em vez daquele texto, fossem lidas receitas culinárias de um livro da Ana Maria Braga. A aluna trouxe o livro e a professora utilizou vários textos como base para a leitura e escrita. Ao final daquele projeto, os alunos compuseram um livro com as receitas por eles mesmos escolhidas. Interessante observar que para cada receita havia várias opções de ingredientes ou modos de fazer, conforme as preferências dos(as) "cozinheiros(as)" da classe.

Quanto à metodologia, pensamos que seria alfabetizar de dentro para fora, ou seja, pela psicogênese da escrita.

Todavia, diferentemente do processo com as crianças, as propostas de escrita espontânea devem ser cuidadosas por conta de uma espécie de consciência do não saber, conforme considera Soares (2003). Os adultos têm vergonha de escrever incorretamente. Desse modo, recomendamos que essa atividade seja "disfarçada", por exemplo, da seguinte maneira:

> Coloquem o alfabeto móvel à frente dos alunos e perguntem com que letras eles acham que aquela palavra é escrita – há casos em que os alunos ainda não identificam as letras. A indicação deles já se constitui como uma pista para o diagnóstico do nível de leitura e escrita em que estão. Essa estratégia facilita inclusive o ensino daqueles que têm dificuldades até mesmo de segurar o lápis, o que pode parecer absurdo, mas que ocorre principalmente com pessoas que trabalham em serviços pesados, os quais lhes provocam calos nas mãos e nos dedos. É preciso, concomitantemente ao trabalho de escrita, proporcionar aos alunos as atividades orais. Falar de si mesmos, contar histórias, entre outros, é uma boa estratégia de valorização da linguagem. Em muitos casos, essas pessoas não têm na vida diária a oportunidade de conversar. Esse trabalho de socialização por meio da fala é um fator importante para que o grupo se fortaleça e crie laços afetivos entre si e com o(a) professor(a). Segundo Freire (1996, p. 159), "ensinar significa querer bem aos educandos".

Outro ponto a ser considerado, ainda na perspectiva da vivência desses alunos, é o gênero utilizado nas atividades de leitura e escrita. Há de se considerar o letramento social do grupo, ou seja, as histórias de vida, o trabalho, o lazer, entre outros fatores.

Na sequência, sugerimos temas como:

- Rótulos de produtos.
- Receitas.
- Listas de objetos e alimentos, nomes de pessoas da família, entre outros.
- Lugares.
- Desejos.

Os textos devem ser também adequados, de preferência sugeridos pelos próprios alunos. Outra atividade bastante interessante são os jogos que podem ser adaptados para a alfabetização. Embora sejam mais utilizados com crianças, os jogos são sempre uma atividade eficiente e agradável para qualquer faixa etária.

Para ampliar seus saberes sobre essa questão, recomendamos:

- **Vídeos**

VIDAS entrelaçadas na EJA (documentário). *Sejatis Uneb*, 13 ago. 2020 (22:11 min). Disponível em: https://www.

youtube.com/watch?v=yG92gxrC2SE. Acesso em: jul. 2023.

EJA: Currículos, sujeitos, especificidades. *ProgradUfal*, 21 set. 2020 (2:04 min). Disponível em: https://www.youtube.com/watch?v=VVy5xzi0rlQ. Acesso em: jul. 2023.

Pergunta 7

O QUE SÃO MÉTODOS DE ALFABETIZAÇÃO?

Método, palavra de origem grega (*méthodos*), significa "ordem que se segue na investigação da verdade, no estudo de uma ciência ou para alcançar um fim determinado", segundo Cunha (1987). No que se refere à alfabetização, o método consiste em um procedimento didático determinado com o propósito de ensinar a ler e escrever. Comumente, o método para alfabetizar é apresentado em manuais ou guias (cartilhas).

Na Idade Média (séculos V ao XV), quando a alfabetização não era uma atividade escolar como outrora na Suméria ou mesmo na Grécia Antiga e ocorria por meio de quem sabia ler para quem não sabia, as crianças eram alfabetizadas por alguém da família ou por preceptores. O essencial para o aprendiz era conhecer os sons das letras, o que se obtinha pela aplicação do princípio acrofônico[1]. Essa prática se estendeu desde a época clássica latina até o século XVI.

O método de alfabetizar, propriamente dito, iniciou-se com o Renascimento (século XVI), a partir do aparecimento da imprensa, que resultou na abundância de livros e no aumento da quantidade de leitores, suscitando o deslocamento da leitura do eixo coletivo (alguém lia para as demais pessoas) para o eixo individual. Nesse período, ocorreu de fato o aparecimento de cartilhas com o propósito específico de alfabetizar, bem como de gramáticas das línguas neolatinas, posto que era necessário estabelecer uma ortografia para as línguas vernáculas que substituíam o latim.

Entre as cartilhas que surgiram do século XV ao XVIII, algumas já apresentam um esquema de soletração e silabação, método que perdurou até os dias atuais e cujas características descreveremos detalhadamente a seguir. Nessa resposta, portanto, exporemos questões relativas à metodologia utilizada para o processo de alfabetização, que, como se pode perceber, é tradicional por exatamente ter a tradição de séculos de aplicação.

---

1. Melhor explicando, princípio acrofônico consiste em dar às letras de um sistema de escrita (alfabético) uma denominação de modo que o nome de cada letra inicie com essa mesma letra.

Os métodos atualmente utilizados se distinguem pelo ponto de partida, ou seja, quanto à unidade da língua com a qual se inicia o conhecimento da escrita e da leitura. Nessa direção, classificam-se, fundamentalmente, em dois tipos: o sintético e o analítico.

O método sintético caracteriza-se por insistir na correspondência entre o oral e o escrito, isto é, entre o som e a grafia. É também seu ponto-chave partir dos elementos considerados mínimos, em um processo que consiste em ir das partes para o todo. Ele se desdobra em duas variantes: a soletração e a silabação, ambas conhecidas também como fônicas e fonéticas.

No primeiro caso, têm-se como ponto de partida os sons das letras (fonemas) para chegar às sílabas e, daí, às palavras e frases. Revelando sua importância na história do ensino, a soletração deu origem a um vocábulo de nossa língua, *beabá* (b + a = ba). No segundo caso, parte-se diretamente das sílabas (unidades fonéticas).

a) **Soletração:** o aluno deve aprender o nome (som) das letras e suas combinações para formar sílabas, palavras, frases e depois textos.

<b> com <a> /ba/

b) **Silabação:** o aluno deve aprender as famílias silábicas e com suas combinações formar palavras, depois frases e textos.

Figura 5 Página da Cartilha

2ª lição

V (labial sibilante)

va	ve	vi	vo	vu
ve	va	vo	vu	vi
vo	vi	va	ve	vu
	vai	viu	vou	

VOCÁBULOS

vo-vó a-ve a-vô o-vo
vi-va vo-vo ou-ve u-va
ui-va vi-vi-a vi-ú-va

EXERCÍCIO

vo-vó viu a a-ve
a a-ve vi-ve e vô-a
eu vi a vi-ú-va
vi-va a vo-vó
vo-vô vê o o-vo
a a-ve vo-a-va

Fonte: Retirado da *Cartilha da Infância*, de GALHARDO, T. A. B. (1964).

O segundo método, o analítico, tem como ponto de partida palavras, frases ou textos para chegar às letras, tendo como operação predominante a análise.

c) **Palavração:** o aluno deve aprender (decorar) palavras, depois separá-las em sílabas para com elas formar novas palavras.

Figura 6 Atividade em cartilha com a família do M

Fonte: Sodré (1973).

d) Sentenciação: o aluno deve aprender (decorar) uma sentença (frase), que depois é dividida em palavras que são segmentadas em sílabas. Em seguida, o aluno lerá novas palavras.

Método fônico

Conforme analisam Ferreiro e Teberosky (1991), o método fônico desenvolveu-se sob influência da Linguística, propondo que a alfabetização partisse do oral para o escrito, isto é, da unidade mínima de som da fala – o fonema – associando-se este à sua representação gráfica. É preciso que o sujeito seja capaz de isolar e reconhecer os diferentes fonemas de seu idioma, para poder relacioná-los aos sinais gráficos.

Figura 7 Atividade em cartilha com a família do P

I PARTE

pata

pa

A pata nada.

pata
pa.

nada
na.

pata
papa
nada
nata

pata
pa.
pa.

nada
na.
na.

pa.

Fonte: Sodré (1973).

Com base na relação fonema/grafema, estabelecem-se duas questões prévias:

a) Que a pronúncia seja correta, para se evitar confusões.

b) Para que grafias semelhantes para sons diferentes ou, ao contrário, para que diferentes grafias para sons semelhantes não causem confusões ao sujeito, é preciso que sejam apresentadas ao aluno separadamente.

Desse modo, os primeiros pares de fonemas a serem apresentados ao sujeito devem ser simples e representados na língua de uma só forma, como é o caso de **ba, be, bi, bo, bu,** entre outros. A sucessão de apresentação deles deve ser feita em consequência da fixação de cada um deles.

Do ponto de vista da aprendizagem, os métodos priorizam a mecânica da leitura (o decifrado do texto), deixando-se para mais tarde a leitura *inteligente* (compreensão do texto lido) que virá a se aliar à leitura expressiva (entonação). Desse modo, o método sintético concebe a escrita como a transcrição gráfica da modalidade oral, ou seja, ler equivale a decodificar o escrito em som.

O método será tanto mais eficaz quanto mais o sistema da escrita estiver de acordo com os princípios alfabéticos, isto é, quanto mais perfeita seja a correspondência letra-som. Todavia, como em nenhum sistema de escrita há total correspondência, a estratégia é começar pelos casos de ortografia regular, quer dizer, com palavras cuja grafia coincida com a pronúncia.

Qual é o problema desse método?

Não se pode negar que a escrita faz correspondência com a fala e esse conhecimento é importante no começo da alfabetização – a relação letra-som.

Contudo, não é possível estabelecer essa correspondência de forma única entre sons e letras, por causa do que dissemos antes sobre as irregularidades da língua, tanto na modalidade oral quanto escrita.

Por exemplo:

> A letra S pode ocorrer com o som /z/ ou /ʃ/ ("x") como nas palavras:
>
> CASA: o S tem o som /z/
>
> **MESMO:** dependendo da região, essa palavra pode ser pronunciada MERMO, uma variação linguística do tipo diafásica (/ˈmeh.mu/) ou MEXMO / ˈmeʃ.mu/.

Isso significa que a ortografia não é transparente, não há uma relação única e direta entre som e grafema, o que nos leva a questionar: "Por que não devemos associar as letras somente a determinadas palavras, por exemplo, S de sapato?". Embora saibamos que uma das etapas mais importantes do processo de alfabetização é o estabelecimento da relação fonema-grafema, ou seja, quando o alfabetizando identifica as letras aos seus respectivos sons, é preciso tomar cuidado. Entre as estratégias que o(a) professor(a) utiliza para que isso ocorra, está a de relacionar uma letra à inicial de uma palavra, como o S de sapato.

O problema dessa relação é que o alfabetizando pode entender que, sempre que o som for /s/, deverá utilizar a letra S, o que, como sabemos, não é regra geral na língua portuguesa, já que outras letras, como Ç e Z, ou o dígrafo SS podem também representar esse som, o que está relacionado às múltiplas representações existentes das relações entre letra e som.

Por exemplo: a letra S pode ter o som /z/, como é o caso da palavra "poderoso", quando está entre duas vogais, ou a letra Z com som /s/, como é o caso de "feliz". Nesse ponto, percebemos a importância dos conhecimentos fonético/fonológicos nesse processo. Além disso, pensamos que é possível atribuir erros de grafia a essa noção de que uma letra representa apenas um som. Se a pessoa entende que S é somente /s/, poderá escrever casa com Z (*caza*).

A estratégia para que isso não ocorra é observar o som das letras na base fonética, ou seja, destacar no texto palavras como "saboroso, exato", em que S e X têm o som /z/.

Caso 1

Uma vez um aluno me perguntou por que meu nome, Rossana, se escrevia com dois SS. Aproveitei para mostrar que quando o S está entre duas vogais tem som de /z/. Ele pensou um pouco e disse:

– Ah, então se fosse com um S só, seria Rosana.

Ampliei a conversa mostrando outras palavras em que isso também ocorre. Mais tarde fiz um jogo em que eles deveriam buscar do lado de fora da escola nomes de coisas em que o S tivesse o som /z/.

Esse caso evidencia que, mesmo ainda na fase inicial da descoberta da relação fonema-grafema, é preciso que se chame atenção para as diversas possibilidades de grafia de determinado som.

Sugestão:
Podemos fazer um ditado com sons divertidos (como sugestão, seguem estas palavras):

Posso	moço
Poço	mossa
Saci	passo
Feliz	faço
Raiz	paço

Segundo Ferreiro e Teberosky (1991, p. 271), a "escrita não é uma simples transcrição da língua oral". Há elementos que caracterizam a natureza etimológica e fonomorfológica.

Com isso, nosso objetivo é dizer que a pronúncia dos sons das letras depende da base fonética, ou seja, de sua posição na palavra. Assim sendo, trabalhar com sons soltos da escrita, a nosso ver, é improdutivo. Por fim, a pergunta que fazemos é: "Por esse método, é possível alfabetizar as pessoas surdas?".

Pergunta 7

Para ampliar seus saberes sobre essa questão, recomendamos:

- Vídeo

MÉTODOS de alfabetização (Magda Soares – entrevista). *Canal Futura*, 18 jul. 2013. (15:22 min). Disponível em: https://www.youtube.com/watch?v=mAOXxBRaMSY. Acesso em: jul. 2023.

Pergunta 8

EU DEVO TRABALHAR COM SÍLABAS AINDA QUE O PROCESSO DE ALFABETIZAÇÃO NÃO UTILIZE O MÉTODO SILÁBICO?

Essa questão é importante porque, quando se descarta o método silábico, os(as) professores(as) ficam em dúvida se podem evidenciar a divisão silábica. Nossa resposta é sim. Todavia, o conjunto silábico deve sempre pertencer a uma palavra, ou seja, é preciso observar o funcionamento daquela sílaba em seu contexto lexical, na base fonética.

Por exemplo, quando a criança se encontra na hipótese silábica, ou seja, em que escreve uma letra para cada sílaba, é importante que ela perceba que as sílabas variam em relação ao número de letras.

Vejamos o caso da palavra "iguais". Temos duas sílabas: uma que contém uma letra, "i", e outra que contém cinco, "guais".

Outra questão que pode parecer complexa, mas à qual devemos estar atentos, refere-se ao fato de que nem sempre a quantidade de letras corresponde ao número de fonemas, como apregoa o método fônico.

Podemos mostrar exemplos como o do "h" inicial em palavras como "hoje", que não tem valor sonoro. Há outros casos como "cadeira", que se pronuncia *cadera* (/k a . d e . ɾ a/).

Aqui também se faz importante evidenciar as variantes linguísticas no que se refere à pronúncia de cada região.

Para ampliar seus saberes sobre essa questão, recomendamos:

- Vídeo

PSICOGÊNESE da Língua Escrita (Emília Ferreiro e Ana Teberosky). *Alfaletrar Cenpec*, 27 jul. 2026 (09:43 min). Disponível em: https://www.youtube.com/watch?v=gf1Bl7nonUA Acesso em: jul. 2023.

Pergunta 9

O QUE É A PSICOGÊNESE DA ESCRITA E DA LEITURA?

Com base na teoria epistemológica de Piaget e utilizando os resultados da psicolinguística contemporânea como marco de referência, nos anos 1970, as pesquisadoras Emilia Ferreiro e Ana Teberosky desenvolveram estudos que evidenciaram uma nova perspectiva, despertando o interesse de psicólogos e pedagogos. Estes vislumbraram uma nova aplicação da teoria de Piaget a um domínio inexplorado, o da lectoescrita; aos psicolinguistas, no que diz respeito às relações entre conhecimento linguístico e compreensão da língua escrita; aos epistemólogos dedicados a estudar os processos de construção do conhecimento; e aos educadores interessados em compreender quais são os processos mentais das crianças, ou seja, fora da visão estreita dos métodos.

Conforme Ferreiro e Teberosky (1991), os processos de aprendizagem da lectoescrita não dependem de métodos, mas da própria atividade do sujeito. Dessa forma, o trabalho das pesquisadoras inicia pelo interesse em descobrir qual era o processo de construção da escrita. Para tal, em situação experimental, procuraram que a criança colocasse em evidência a escrita do modo exato como a vê, a leitura tal como ela a entende e os problemas que ela própria propõe para si mesma ao escrever.

O propósito desse processo era o de descobrir as hipóteses que a criança formulava, à luz de seu próprio conhecimento, segundo as tarefas propostas. Em todas as tarefas, no entanto, eram introduzidos elementos conflitivos, ou ao menos potencialmente conflitivos, cuja solução requeria, por parte da criança, um raciocínio real.

O resultado dessa pesquisa revelou e estabeleceu duas novas perspectivas para o campo da aquisição da lectoescrita. A primeira, a de que o processo de aprendizagem da criança pode vir de caminhos insuspeitados; a segunda, a de que as crianças, ao chegarem à escola, já têm conhecimentos sobre a escrita, não começando do zero como supõem os métodos tradicionais. Também frutos dessa investigação, evidenciaram-se etapas ou níveis (hipóteses) pelos quais a criança (sujeito cognoscente) passa durante a sua trajetória de construção da escrita e da leitura. Esses níveis se apresentam inicialmente por meio de rabiscos ou letras em quantidades indefinidas (escrita pré-silábica), a seguir com correspondência entre uma letra e a sílaba – escrita silábica – e, por fim, por meio de palavras, frases, textos passíveis de leitura – escrita alfabética.

Do ponto de vista metalinguístico, o processo de construção da linguagem escrita pela criança implica compreender e produzir ideias, bem como aprender a refletir sobre a linguagem como objeto. A linguagem, quando a criança produz escrita espontânea, vai-se tornando alvo de pensamento e manipulação. A consciência metalinguística, isto é, capacidade de refletir sobre a linguagem, desenvolve-se em três níveis: fonêmico (relação entre som e letras), morfológico (da palavra) e semântico (do significado).

A teoria da psicogênese, por sua vez, tem como foco o sujeito, ou seja, busca conhecer:

- O que ele já sabe sobre a escrita e a leitura.
- Em que nível de escrita e leitura ele está.
- Quais são suas hipóteses sobre a escrita e a leitura.
- O que precisa saber para mudar de nível.

Como complemento, podemos evidenciar que nessa abordagem não se escolhem palavras pelo grau de "facilidade" que apresentam, mas sim por sua funcionalidade, isto é, pela contextualização que aqui conceituamos com aquilo que faz sentido para os alfabetizandos.

Para ampliar seus saberes sobre essa questão, recomendamos:

- Vídeo

HIPÓTESES de escrita: psicogênese da língua escrita (Emilia Ferreiro e Ana Teberosky). *Alessandra Corrêa Farago*, 14 abr. 2021 (40:20 min). Disponível em: https://www.youtube.com/watch?v=78D0_wpgIrA. Acesso em: jul. 2023.

Pergunta 10

COMO ALFABETIZAR PELA PSICOGÊNESE DA ESCRITA E DA LEITURA?

A teoria da psicogênese da escrita chegou à escola como uma abordagem no processo de alfabetização. Isso ocorreu no Brasil por volta dos anos 1980, quando algumas escolas privadas e públicas passaram a adotar a teoria como estratégia para ensinar a ler e escrever.

A alfabetização por essa teoria, ou seja, sem a utilização de um método, se realiza por meio de uma aproximação da criança com a escrita, com vistas para um processo individual que ela própria desenvolve ao longo do tempo. A alfabetização sem método, na maioria das vezes, implica não utilizar cartilha ou livro didático. Nesse caso, os(as) próprios(as) professores(as) selecionam os textos e elaboram as atividades de escrita e leitura. Esse modelo didático exige que o(a) professor(a) tenha amplo conhecimento desse tipo de abordagem, em que se faz necessário um controle das etapas de desenvolvimento dos níveis de escrita dos alunos para que o(a) professor(a) possa realizar as intervenções adequadas. Apresentando a escrita do todo para as partes, ou seja, do texto para as frases, palavras, sílabas e letras, o(a) professor(a) deve estar atento(a) ao conhecimento dos alunos sobre cada um desses elementos da escrita.

Sendo a psicogênese da escrita uma abordagem que implica também o letramento, é importante que se ressalte nesse processo a função da escrita no meio social. Para isso, desde a Educação Infantil, é importante desenvolver atividades que apontem nessa direção. Por exemplo, ler histórias para as crianças, de preferência mostrando o texto, evidencia o fato de a escrita dizer coisas tanto quanto a fala.

O que aqui se faz necessário, portanto, na perspectiva da psicogênese da escrita (da alfabetização e do letramento), é intensificar o contato da criança com as mais diversas formas de escrita. Desse modo, organizar um ambiente alfabetizador na sala de aula é de grande valia. A sala deve ter, além do alfabeto na parede, na altura dos olhos das crianças, outros suportes textuais, por exemplo:

- O acordo de convivência.
- Os textos utilizados nas atividades.
- As letras das músicas que costumam cantar.
- O calendário.
- A lista dos nomes das crianças.

- Livros, revistas.
- Jogos de escrita.
- Um varal para pendurar os trabalhos.

Ao adotar essa proposta, o(a) professor(a) deve fazer uma avaliação diagnóstica inicial das hipóteses de escrita dos alunos. Esse processo da avaliação diagnóstica é fundamental por, pelo menos, duas razões. A primeira é que a criança não participa efetivamente das atividades de escrita do grupo – algumas se negam a escrever porque pensam que não sabem. A outra diz respeito ao planejamento do(a) professor(a), ou seja: O que deve ser feito agora? Quais são as questões da escrita a serem evidenciadas para que ela avance para outro nível, superior ao que está no momento? Para isso podemos, por exemplo, contar uma história e pedir que reescrevam essa narrativa ou pedir à criança que escreva uma lista de palavras relacionadas a coisas de que ela gosta.

Figura 8 Lista de objetos do jogo

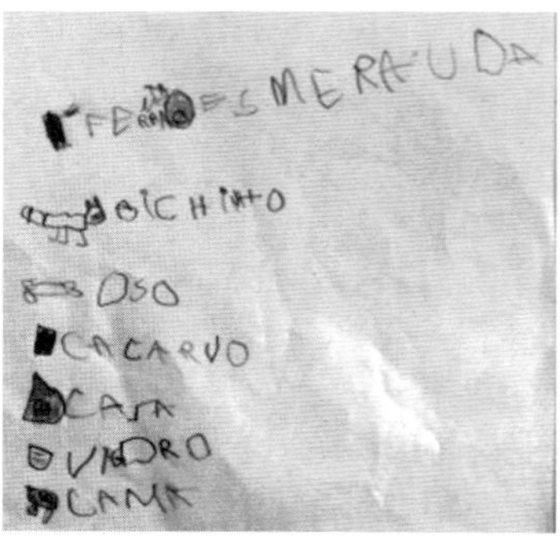

Fonte: Arquivo pessoal.

No exemplo seguinte, a criança escolheu escrever palavras de elementos de um jogo de *smartphone:* ferramenta, esmeralda, bichinho, osso, carvão, casa, vidro, cama.

Em outro exemplo, a professora lê para as crianças o livro *O Menino Maluquinho,* de Ziraldo, e pede que reescrevam a história.

Figura 9 Reescrita infantil

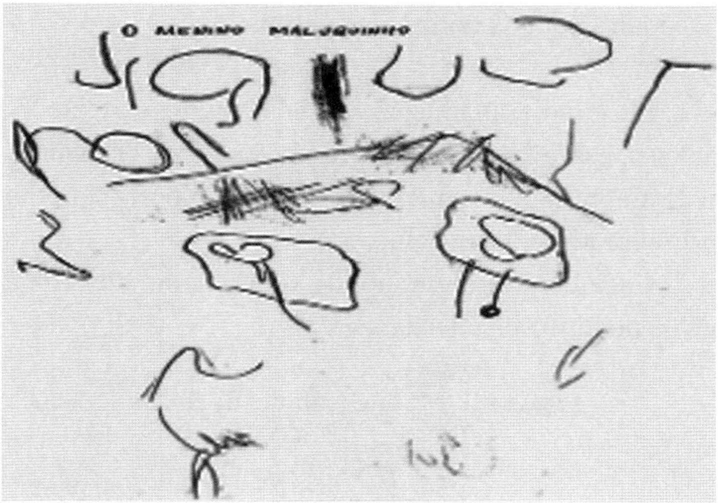

Fonte: Arquivo pessoal.

Figura 10 Objetos pessoais

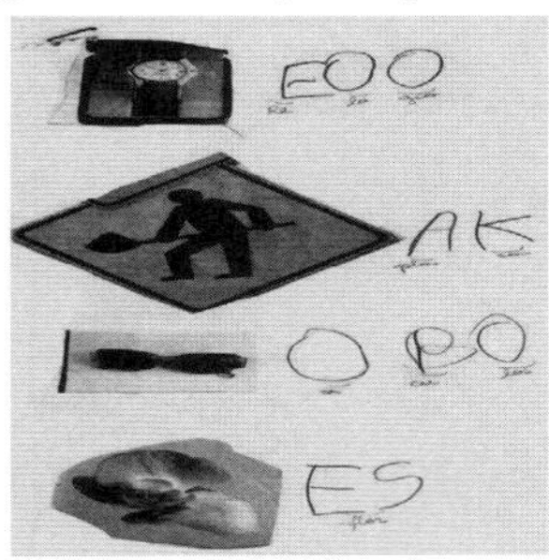

Fonte: Arquivo pessoal.

Nesse outro caso, a professora pede às crianças que recortem de revistas figuras de objetos utilizados pelo pai.

As diferenças de níveis entre as hipóteses de escrita das crianças não são um problema, mas sim um norte para o planejamento didático. Se há crianças com a hipótese silábica, com ou sem valor sonoro, como na Figura 10, entende-se que é preciso enfatizar o formato das letras, bem como seus respectivos sons.

Isso pode ser realizado, por exemplo, por meio de uma brincadeira com os nomes dos alunos:

1) Desenhe, com um giz, círculos grandes no chão. Dentro deles, escreva as letras do alfabeto. Ao dizer o nome de um aluno, todos devem entrar no círculo correspondente à primeira letra desse nome.

2) Faça com eles um móbile com o nome de cada aluno(a) e pendure-os na sala.

Figura 11 Móbile (cabide) de letras

Fonte: Pollyana Mattana.

Esta atividade, além de estimular a criatividade e a coordenação motora fina, permite trabalhar a identidade e o reconhecimento das letras de forma lúdica. Utilize materiais como cartolina, barbante e canetas coloridas para confeccionar as letras, incentivando os alunos a personalizar seus nomes com desenhos ou texturas.

Ao pendurá-los no espaço da sala, você cria um ambiente acolhedor, onde as crianças se sentem representadas, ao mesmo tempo em que consolidam a relação grafema-fonema e a estruturação da escrita do próprio nome. Essa prática dialoga com os eixos da alfabetização e do letramento, promovendo a interação e a valorização da identidade individual e coletiva.

3) Peça que circulem as letras do nome no alfabeto.

A B C D E F G H I J K L M N O P Q R S T U V W X Y Z

Agora, solicite que escrevam seus nomes:

____

Repita esse processo com outras palavras do mesmo campo semântico, a exemplo de nomes de frutas, de animais, de objetos da casa, entre outros, que façam parte do universo da criança.

4) Outro jogo bem interessante, também, é a confecção de um painel com o alfabeto.

Figura 12 Painel do alfabeto

A	B	C	D	E	F	G	H	I	J	K	L	M	N	O	P	Q	R	S	T	U	V	W	X	Y	Z

Fonte: Os autores.

Agora, peça às crianças que escrevam palavras, colem ou desenhem figuras de objetos que comecem ou terminem com as respectivas letras. Essa atividade pode ser feita coletivamente no papel-madeira e exposta na parede da sala ou individualmente em uma folha de papel.

O objetivo dessa atividade é estabelecer a relação entre o grafema e o fonema (letra-som).

5) Você também pode utilizar jogos tradicionais, adaptando-os para o reconhecimento das letras:
   - Bingo.
   - Jogo da memória.
   - Trilha.
   - Caça-palavras.
   - Jogos de corpo.

Sugestões:

a) Amarelinha

Nessa brincadeira, os numerais podem ser substituídos por letras.

Figura 13 Amarelinha com letras

Fonte: Pollyana Mattana

b) Pular corda

Nessa atividade, a criança vai dizendo as letras. Quando errar, deverá dizer uma palavra com a letra em que parou.

Figura 14 Pula corda do alfabeto

Fonte: Pollyana Mattana

c) Entrar no círculo

Nessa dinâmica, o(a) professor(a) fala o nome de uma criança da turma. Então, as crianças devem entrar no círculo com a letra que começa aquele nome.

Figura 15 Dentro ou fora

Fonte: Pollyana Mattana

Escutam-se por aí coisas do tipo: "Ele sabe as letras, mas não consegue juntá-las". Ou "Ainda não sabe as letras, como vai escrever?". Aqui, há duas questões distintas, mas que têm a ver uma com a outra. Se pensarmos que a escrita é somente um jogo em que se juntam as peças para formar palavras, realmente a primeira frase faz sentido. Todavia, o sistema alfabético não é fechado, porque os elementos não funcionam em uma correspondência perfeita.

Por exemplo, palavras homófonas são pronunciadas da mesma forma, mas podem apresentar escritas diferentes, como é o caso de "caçar" e "cassar" ou "concerto" e "conserto". Assim sendo, "juntar" letras não é suficiente para se escrever corretamente. Queremos dizer que o processo da escrita implica ter conhecimento de outros aspectos, por exemplo, as questões ortográficas, morfológicas, sintáticas, semânticas (o sentido) e pragmáticas (relação com o contexto externo).

> A outra questão (sobre não conhecer as letras) diz respeito ao fato de que, na fase inicial da escrita, a criança pode expressar-se pela escrita não da forma convencional, mas a partir de suas hipóteses, que podem ser garatujas ou sinais parecidos com letras. Embora essas "escritas" ainda não tenham valor linguístico, devem ser consideradas como um nível de conhecimento e não como um erro.

Antes de ingressar propriamente no sistema alfabético, as crianças pensam a escrita e a manifestam de várias maneiras, como no exemplo seguinte:

Figura 16 Escrita infantil

Fonte: Arquivo pessoal.

Figura 17 Jogo sonoro

Fonte: Pollyana Mattana.

Nesse caso, observamos que esse tipo de escrita deve evoluir para os outros níveis e por isso voltamos à questão das letras. Embora tenhamos dito anteriormente que o contato com as letras deve se estabelecer na base alfabética, ou seja, diretamente na palavra, se virmos que as crianças ainda não identificam os grafemas, devemos aplicar atividades, como jogos e brincadeiras que evidenciem a forma e o valor sonoro das letras. Por exemplo:

No caso do abacate, as crianças, dependendo da região em que estejam inseridas, podem dizer *abacati* /a.ba'ka.tɪ/[1]. Talvez esse seja um momento oportuno para mostrar que, às vezes, a escrita é diferente da fala, evidenciando o caso da letra <e> transformando-se em <i>.

Mas a pergunta que não quer calar, de modo geral, feita pelos alfabetizadores, é: "Como fazer? Como criar um planejamento? Por onde começar?".

O fazer sem método não implica que as atividades sejam aplicadas aleatoriamente, ou seja, se optamos pela psicogênese da escrita, ainda assim devemos planejar as aulas. Isso ocorre não mais mediante uma sequência fixa de conteúdos

1. Os leitores compreenderão melhor esse processo da escrita na resposta à Pergunta 15, "Qual é a importância dos conhecimentos fonéticos e fonológicos para os alfabetizadores?".

específicos, por ordem de dificuldades, mas sim por meio de projeto de letramento que possa envolver crianças ou adultos com suas práticas sociais. Nesse caso, o ponto de partida para a alfabetização pode consistir, por exemplo, em temas que digam respeito àquele grupo.

Podemos organizar temas que partam da própria criança e se desenvolvam em um espiral crescente para o mundo em que vivem. Podemos iniciar pela palavra mais importante, que é o nosso nome, e na sequência utilizar outros temas, como: o corpo, a casa, a família, a escola, a rua, o bairro, a cidade, o estado, o país e o mundo.

Atividade

Escreva os nomes dos alunos em cartelas separadas.

Alana
Carla
Carlos Henrique
Danilo
Elson
Flávio
Helena
Fernanda
Jorge Luís
Luana
Maria Luiza
Wesley

Agora, peça que os alunos reconheçam o próprio nome e o dos colegas. Solicite que cada um escreva ou copie seu nome em uma folha de papel. Em seguida, diga para cada um desenhar a si mesmo abaixo ou acima do nome. Informe aos alunos que o desenho de si próprio se chama autorretrato.

Aproveite a lista dos nomes para perguntar:

- Quantas letras tem seu nome?
- Com que letra ele começa?
- Com que letra ele termina?
- Quais são as outras letras dele?

Utilize sempre o alfabeto como referência para fazer essa atividade.

Providencie, para cada aluno, um alfabeto móvel comprado ou feito por eles mesmos, o que é bem mais proveitoso. Esse alfabeto pode ser feito com papelão, argila, EVA, entre outros materiais.

Para ampliar seus saberes sobre essa questão, recomendamos:

- **Livro**

RAMOS, Rossana. *200 dias de leitura e escrita na escola*. São Paulo: Cortez Editora, 2015.

- **Vídeo**

CONSTRUÇÃO da escrita: primeiros passos (parte 1). *Nova Escola*, 26 mar. 2010 (8:34 min). Disponível em: https://www.youtube.com/watch?v=NCo5ybibn5Q. Acesso em: jul. 2023.

Pergunta 11

ANTIGAMENTE, ERA NECESSÁRIO QUE A CRIANÇA PASSASSE POR UM PERÍODO DE "PRONTIDÃO" PARA SER ALFABETIZADA. POR QUE ISSO MUDOU?

Para responder a essa questão, vamos começar por um passeio pela teoria. Em relação à alfabetização, há duas abordagens distintas. A tradicional afirma que a criança só poderá aprender a ler e escrever se passar por um processo de ensino baseado em um método. Para que isso ocorra satisfatoriamente, ela deverá estar pronta, ou seja, ter desenvolvido determinadas competências como a percepção, a coordenação motora e o equilíbrio emocional para não querer mais só brincar, mas ter interesse pelo trabalho escolar.

A escrita e a leitura devem estar organizadas em partes, conforme se apresentam nas cartilhas: letras/sílabas/palavras/frases/textos.

A segunda abordagem, ao contrário da primeira, concebe a leitura e a escrita como um processo individual que se desenvolve ao longo do tempo, à medida que a criança entra em contato com textos escritos em funcionamento. Tendo como precursoras Ferreiro e Teberosky, essa concepção se fundamenta na teoria psicológica de Piaget, que descreve a construção do conhecimento a partir da interação do sujeito com o objeto por meio dos processos de assimilação, adaptação e acomodação.

A criança entra em contato com o texto e, por meio da funcionalidade desse objeto, constrói hipóteses que se revelam em sua própria atividade de pré-leitor. Em oposição à abordagem anterior, no processo de letramento, o texto deve ser apresentado integralmente, a fim de que a criança possa, antes mesmo de decifrar o código da escrita, compreender a função social e cognitiva da leitura.

As duas abordagens apresentam como pontos divergentes o aspecto cognitivo. No período pré-escolar, segundo a abordagem tradicional, a criança não é capaz ainda de compreender os mecanismos da leitura e da escrita, devendo, nessa fase, ser preparada para a fase escolar, quando entrará em contato com o texto escrito que, por sua vez, deverá estar decomposto em partes para facilitar o processo de aprendizagem da escrita e da leitura.

Hoje, pelo processo da psicogênese da escrita, entendemos que não se faz necessária essa preparação, visto que ler e escrever se configura como um processo de observação do sistema alfabético, em qualquer idade, tendo em vista as práticas sociais de escrita e leitura.

Essa ideia se comprova, por exemplo, pelo fato de que algumas crianças aprendem a ler sem a intervenção de um método ou qualquer preparação. Observemos a narrativa da professora:

> Letícia, de 5 anos, diferentemente dos outros alunos da classe, já era muito interessada em escrita. Vivia me pedindo para escrever essa ou aquela palavra para ver como era. Naquela época, as crianças precisavam passar por um período de prontidão em que treinavam a coordenação motora fina, fazendo exercícios repetitivos do tipo:

Figura 18 Treino motor

Fonte: Arquivo pessoal.

Um dia, Letícia me perguntou como se escrevia "eira". Achei estranho, mas mostrei a ela. Dali a pouco, trouxe para mim uma lista de palavras escritas por ela:

- Geladeira.
- Cadeira.
- Lapiseira.

Fiquei assustada com aquilo e fui conversar com a coordenadora pedagógica, que me disse:

– Ela está queimando etapas.

Fiquei preocupada, achando que a culpa era minha por Letícia ainda não estar pronta para aquele conhecimento.

Atualmente, entendemos que a criança começa a construir a escrita na mais tenra idade e que não precisa de um treinamento específico para que isso aconteça. Naturalmente, em contato com a escrita, ela desenvolve as competências necessárias, tanto do ponto de vista motor quanto cognitivo.

Para ampliar seus saberes sobre essa questão, recomendamos:

- **Vídeo**

O INGRESSO na escrita e nas culturas do escrito. (Emilia Ferreiro). *Nova Escola*, 3 jul. 2013 (55:37 min.). Disponível em: https://www.youtube.com/watch?v=w193aHXmmiw. Acesso em: jul. 2023.

Pergunta 12

QUANDO E COMO A ALFABETIZAÇÃO DEVE COMEÇAR?

A alfabetização não tem um tempo para começar. Poderíamos até dizer que, em uma sociedade grafocêntrica, as crianças entram em contato com a escrita logo ao nascer e, com as imagens, a escrita vai sendo incorporada por elas. Todavia, de forma sistemática, geralmente, isso ocorre no período escolar, quando é desenvolvido um trabalho específico para esse fim, ou seja, no 1º ano do Ensino Fundamental. Por se tratar de um processo individual, a alfabetização não acontece ao mesmo tempo para todas as crianças. Algumas até já chegam à escola alfabetizadas.

Há crianças que chegam à escola sabendo que a escrita serve para escrever coisas inteligentes, divertidas ou importantes. Essas são as que terminam de alfabetizar-se na escola, mas começaram a alfabetização muito antes, pela possibilidade de entrar em contato, de interagir com a língua escrita. Há outras crianças que necessitam da escola para apropriar-se da escrita (Ferreiro, 1999, p. 23).

A discussão que se estabelece é se podemos ou não alfabetizar na Educação Infantil. Voltamos a afirmar que o contato com a escrita é contínuo desde a mais tenra idade, podendo assim a criança aprender a ler antes do "tempo previsto". Isso ocorre em virtude de a construção da leitura e da escrita ser um processo individual que se desenvolve por "caminhos insuspeitados", como dizem as autoras.

Pretendemos demonstrar que a aprendizagem da leitura, entendida como questionamento a respeito da natureza, função e valor desse objeto cultural que é a escrita, inicia-se muito antes do que a escola imagina, transcorrendo por insuspeitados caminhos. Que, além dos métodos, dos manuais, dos recursos didáticos, existe um sujeito que busca a aquisição de conhecimento, que se propõe problemas e trata de solucioná-los, segundo sua própria metodologia... Insistiremos no que se segue: "trata-se de um sujeito que procura adquirir conhecimento, e não simplesmente de um sujeito disposto ou maldisposto a adquirir uma técnica particular. Um sujeito que a psicologia da lectoescrita esqueceu [...]" (Ferreiro; Teberosky, 1986, p. 11).

Assim sendo, entendemos que a criança poderá se alfabetizar na Educação Infantil ou em outra etapa.

Para ampliar seus saberes sobre essa questão, recomendamos:

- Vídeo

DÚVIDA sobre a idade certa para alfabetizar (Emilia Ferreiro). *Nova Escola*, 7 jun. 2013 (2min40s). Disponível em: https://www.youtube.com/watch?v=c_loNNoXIMk&t=8s. Acesso em: jul. 2023.

Pergunta 13

TODAS AS CRIANÇAS ESTÃO APTAS A APRENDER A LER E ESCREVER?

Sim, a não ser aquelas que têm comprometimentos específicos que afetem as habilidades de compreensão de leitura e escrita. Todavia, há momentos em que a criança pode enfrentar obstáculos emocionais e, nesses casos, é preciso do auxílio de um psicólogo.

Há casos em que a criança apresenta um bloqueio momentâneo em virtude de algo que possa ter ocorrido durante seu processo de aprendizagem. Algo que lhe foi dito, às vezes, pelos pais ou mesmo pelo(a) professor(a), pode deflagrar o medo, a insegurança ou mesmo a crença de que não é capaz de aprender. Nessa situação, o(a) próprio(a) professor(a) pode resolver a questão, utilizando os recursos pedagógicos e a própria habilidade para reverter o processo.

Caso 1

Uma professora em um curso de pós-graduação narrou o seguinte fato:

– Tenho vinte alunos, todos com seis anos. Dezenove estão lendo. Apenas um deles não consegue.

Perguntei a ela o que supunha ocorrer com ele. A professora respondeu-me que aparentemente não havia nada de estranho. Que era uma criança esperta, que realizava todas as atividades oralmente, gostava de desenhar, reconhecia o valor sonoro das letras, entre outras competências. Relatou que já havia feito jogos, brincadeiras e atividades prazerosas, e nada. Sugeri então que perguntasse a ele por que ainda não lia. No módulo seguinte do curso, a professora me procurou e disse:

– Professora, lembra-se do caso do meu aluno? Fiz como a senhora disse. Perguntei a ele por que não lia. Ele respondeu que a avó disse a ele que só leria quando fizesse sete anos.

Caso 2

Henrique, 12 anos, no 3º ano, não lia nem escrevia. Era o que chamamos de aluno copista. Em seu caderno havia somente cópias de textos. Quando a atividade era de produção individual, reproduzia pedaços de frases sem qualquer sentido. O caso veio para a coordenação pedagógica e realizamos um diagnóstico para entender o que ocorria com ele. Descobrimos que Henrique sequer conhecia todas as letras e sua correspondência sonora, ou seja, estava em nível pré-silábico. Antes de começar um trabalho de realfabetização, pedimos que fizesse um desenho das coisas de que gostava e das de que não gostava. Ele desenhou, entre as coisas de que não gostava, um menino sentado na sala de aula virado para a parede copiando as letras do alfabeto.

O que se conclui desse caso é que o constrangimento sofrido por ele perante o grupo de colegas marcou-o negativamente a ponto de ele "negar" para si mesmo o direito de aprender. A solução para esse caso foi complexa por conta do trauma sofrido. Resolvemos então partir para uma estratégia que quase sempre dá certo: o jogo. Desse modo, Henrique superou sua limitação e ao final do ano estava alfabetizado.

Podemos inferir, nesses dois casos, que as chamadas "dificuldades de aprendizagem" nem sempre são de caráter cognitivo. Muitas delas advêm de situações externas que limitam a aprendizagem das crianças, bem como daqueles que chegam à idade adulta não alfabetizados. Nos casos em que não houver o auxílio de um(a) especialista (psicólogo[a]), o(a) professor(a) poderá lançar mão de estratégias como o desenho, a conversa, o jogo, a narrativa de uma história, entre outras, para desvendar o problema.

Para ampliar seus saberes sobre essa questão, recomendamos:

- Leitura

NETA, Francisca Sales de Souza *et al.* Dificuldades de aprendizagem na leitura e na escrita com ênfase na dislexia. *Revista Científica Multidisciplinar Núcleo do Conhecimento*, ano 5, 11. ed., v. 23, p. 93-116, nov. 2020. ISSN: 2448-0959. DOI: 10.32749/nucleodoconhecimento.com.br/educacao/enfase-na-dislexia. Disponível em: https://www.nucleodoconhecimento.com.br/educacao/enfase-na-dislexia. Acesso em: 25 abr. 2025.

Pergunta 14

O QUE DEVEMOS FAZER QUANDO...

14.1 Percebe-se que a criança/o adulto não está conseguindo aprender as letras

- Deve-se perceber se o alfabeto está bem visível na sala de aula, de preferência na altura dos olhos dos alunos (às vezes, o alfabeto é colocado fora do alcance da visão deles).
- Há muitos casos em que utilizar o alfabeto móvel funciona como um recurso eficiente. Principalmente se esse alfabeto for confeccionado pelas próprias crianças/pelos próprios adultos. As letras podem ser feitas de material reciclado, como canudos de folhas de jornal ou revistas, recortados em papelão, elaborados com massinha de modelar, argila, arame revestido com papel ou fita, entre outros exemplos.

- O recurso infalível é o jogo. Podemos utilizar o bingo, a trilha, o jogo da memória, o dominó, o mico, entre outros exemplos.

14.2 A criança/o adulto está no nível de escrita silábico I e ainda não atribui valor sonoro às letras. O que fazer?

Vejamos o que ocorre quando o aluno entende que só precisa escrever uma letra para cada sílaba e que qualquer letra pode ser colocada ali.

Figura 19 Período silábico

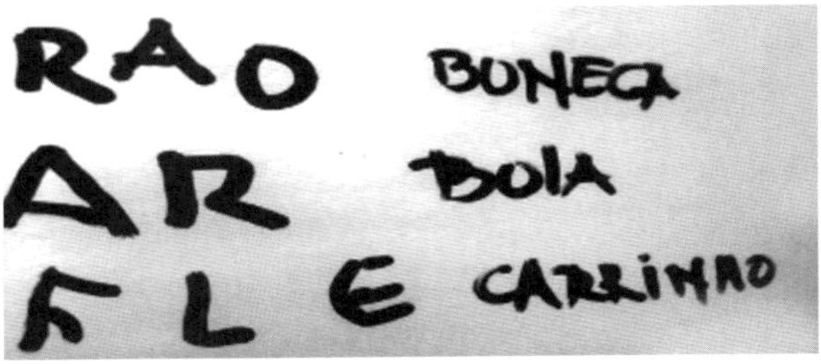

Fonte: Arquivo pessoal.

Para os alunos avançarem em direção ao conhecimento da relação fonema-grafema, é necessário que destaquemos os sons das letras, no próprio segmento da palavra. Isso é importante!

Para isso, peça que façam listas de palavras que começam com determinada letra. De preferência, sugerimos que essas palavras sejam do mesmo campo semântico.

Com a letra A — Com a letra B

- Animais
- Frutas
- Objetos da casa
- Partes do corpo

Faça um caderno de ditado. Para isso, escreva em cada folha do caderno uma letra, como se fosse um dicionário. Oriente os alunos de que, quando você disser a palavra, eles devem procurar a folha em que se encontra a letra inicial da palavra e, em seguida, escrevê-la.

Faça também jogos, por exemplo, a forca, cuja regra implica colocar a letra que corresponde ao som.

Atenção!
Todas as atividades devem ser realizadas em grupo, para que os alunos possam auxiliar-se mutuamente.

14.3 A criança/o adulto estacionou no nível de escrita silábico II, quando já atribui valor sonoro às letras, mas precisa avançar para o nível alfabético. O que fazer?

Nessa etapa em que os alunos pensam que as sílabas podem ser representadas por somente uma letra, é preciso que os façamos compreender que as sílabas podem ter sim uma letra, mas podem também ter mais (conforme Figura 20).

Figura 20 Fase silábica com e sem valor sonoro (objetos pessoais)

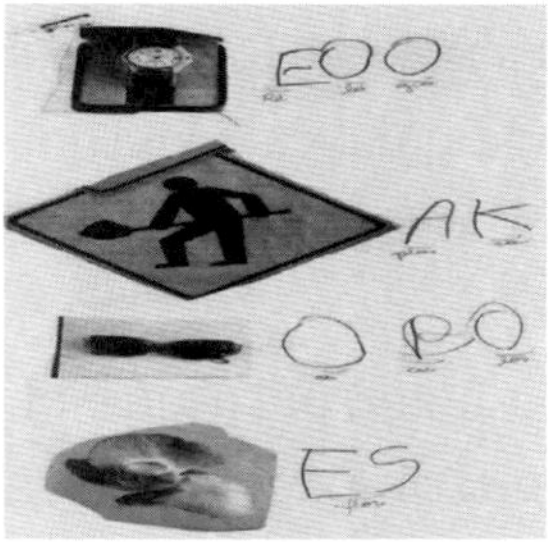

Fonte: Arquivo pessoal.

Observem que esse aluno entende que somente uma letra é suficiente para escrever as sílabas: ele está no período de transição entre o período silábico sem valor sonoro para o valor silábico com valor sonoro:

- **EOO – relógio**

Nesse caso, ele atribui uma letra para cada sílaba e a escrita corresponde à pronúncia /hɛ.'lo.ʒʊ/, (relógio).

- **AK – placa**

Aqui, ele utiliza o K, que, embora seja letra, também corresponde à sílaba CA.

- **OBO – óculos**

Nessa escrita, podemos considerar que o uso do <b> para a sílaba <cu> pode ser um caso de "recheio", ou seja, quando a criança coloca qualquer letra para ocupar o lugar na sílaba, já que ela ainda não reconhece aquela correspondência fonema-grafema.

- **ES - flor**

Esse tipo de escrita ainda pode ocorrer quando a criança ainda não identifica a relação fonema-grafema em nenhuma parte do segmento da palavra. Contudo, não devemos considerar isso como um retrocesso, mas sim como uma etapa da aprendizagem.

O que podemos fazer para que ela perceba todos os fonemas e possa registrá-los na palavra?

Devemos evidenciar a quantidade de letras correspondentes à palavra com as seguintes atividades:

Faça um ditado coletivo com o alfabeto móvel. Vá dizendo as palavras e perguntando aos alunos quais são as letras que devem utilizar. De preferência, faça esse trabalho em grupo para que uns ajudem os outros.

Outro exemplo são as atividades de completar as lacunas das palavras:

Quadro 1 Atividade de palavras em lacunas

Fonte: Arquivo pessoal.

Aqui, os alunos devem escrever a palavra no espaço e, em seguida, colocá-la letra por letra dentro dos quadradinhos. Esteja por perto para auxiliá-los, mas, sobretudo, observe o movimento que fazem ao escrever.

Figura 21 Escrita espontânea

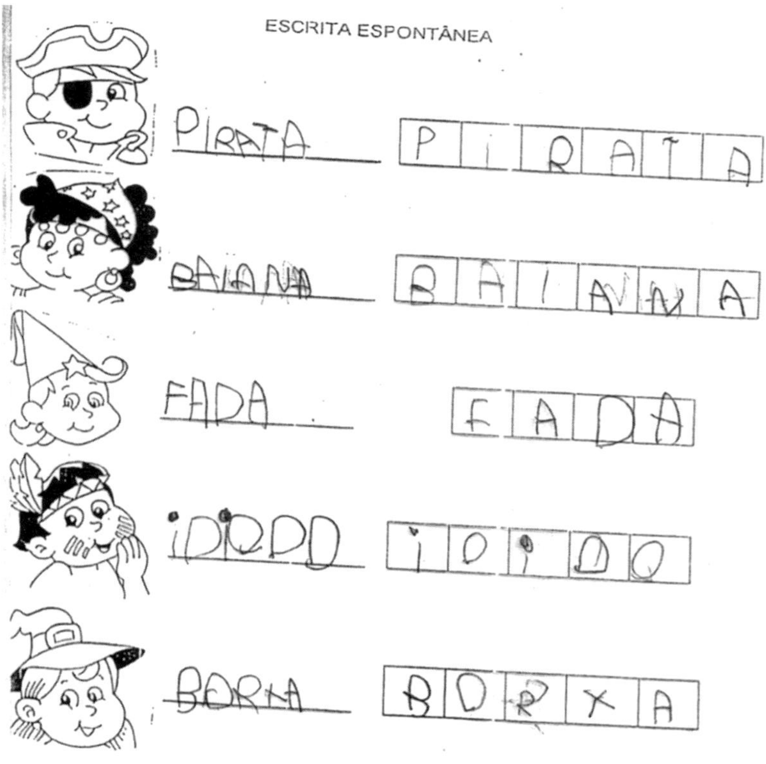

Fonte: Arquivo pessoal.

Note que, nessa atividade, a criança deve escrever a palavra solta e depois nos quadradinhos, quando é obrigada a escrever todas as letras da palavra. Nesse caso, podem ocorrer questões como em "índio" e "bruxa", quando ela ainda não consegue fazer a correspondência exata entre o som e a letra. Outra questão é a ordem das letras na palavra. Mas tenham calma, que isso vai ser resolvido pelo próprio aluno ao longo do tempo.

Para ampliar seus saberes sobre essa questão, recomendamos:

- Leitura

MONTUANI, Daniela Freitas Brito; SOUZA, Maria José Francisco de (org.). *Jogos de alfabetização*. Curitiba: CRV, 2023. 192 p. Disponível em: https://loja.editoracrv.com.br/produtos/jogos-de-alfabetizacao/ Acesso em: jul. 2023.

Pergunta 15

QUAL É A IMPORTÂNCIA DOS CONHECIMENTOS FONÉTICOS E FONOLÓGICOS PARA OS ALFABETIZADORES?

A fonética e a fonologia constituíram-se como disciplinas independentes e complementares, pois se dedicam ao estudo dos sons de uma língua: a fonética se ocupa em explicar como e onde o som de uma língua natural é produzido e a fonologia trata da significação dos traços fonéticos de uma língua, ou seja, o que distingue um fonema do outro.

Os conhecimentos fonéticos e fonológicos possibilitam ao(à) professor(a) o entendimento sobre a construção do alfabeto grafofonêmico da língua portuguesa, e isso o(a) ajudará no ensino e na aprendizagem de seus(suas) alunos(as) sobre a escrita. Mas como alguns conceitos da fonética e da fonologia são auxiliares no ensino e na aprendizagem da língua, em suas modalidades oral e escrita? De que forma o conhecimento desses conceitos pelos estudantes pode mudar a compreensão sobre a escrita? Vejamos a seguir.

Antes de iniciar sua escolarização, os alunos já têm contato com a escrita. Logo, as formas gráficas não são novidades para o estudante iniciante. Para além da importância do registro do código gráfico, nas escolas, os ensinamentos sobre a aquisição da língua escrita deveriam incidir no entendimento de que a língua é formada por unidades sonoras que adquirem significado quando associadas entre si. Ou seja: os grafemas representam fonemas (unidade de representação do som) de uma língua, constituindo a escrita fonética.

Há duas formas de representar um fonema: a primeira é a transcrição fônica ou fonológica, e a segunda é a transcrição fonética, como apresentado no quadro seguinte.

Quadro 2 Formas de representação do fonema

Grafema	Fonema	
Transcrição ortográfica < >	Transcrição fonêmica / /	Transcrição fonética [ ]
<tia>	/ˈtia/	[ˈtia], [ˈtʃia]
<bolo>	/ˈbolo/	[ˈbolo], [ˈbolʊ]

Fonte: Os autores.

Percebemos, a partir da leitura do quadro, que, quando queremos representar a forma fonológica de um fonema, utilizamos duas barras / /; e, quando queremos representar a forma fonética, usamos os colchetes [ ]. Os símbolos < > são utilizados para indicar a representação do grafema.

Contudo, é importante lembrar que, apesar de alguns fonemas serem registrados da mesma forma que os grafemas, como [p] e <p>, a escrita é uma tentativa de representação dos sons da fala: um mesmo som pode ser grafado de diferentes formas, a exemplo de <**s**ino> e <**c**inema>, ou uma forma pode ter diferentes sons, como <**r**ato> e <ba**r**ata>. Ter clareza sobre isso evitaria a persistência do aluno em escrever como fala, uma vez que a escrita apoiada na fala é comum durante o início da aprendizagem da escrita.

O(A) professor(a) poderá, a partir dos conhecimentos fonéticos e fonológicos:

a) Demonstrar que há uma variação entre o modo de falar e o de escrever em um grupo de falantes.
b) Compreender os motivos que levam a criança a escrever, temporariamente, com substituição de grafemas, uma vez que a criança pode estar com dificuldade em perceber as diferenças dos sons dos fonemas entre si ou na produção deles.

Aliás, o processo de comunicação, que utiliza os recursos da voz, por mais simples que seja, depende de alguns requisitos básicos dos falantes/ouvintes para a produção e a correspondência do som-significado de uma língua, entre os quais está a integridade do aparelho fonador. Esse é formado por órgãos dos sistemas respiratório e digestivo, pois não há um órgão específico para a fala humana.

Figura 22 Aparelho fonador

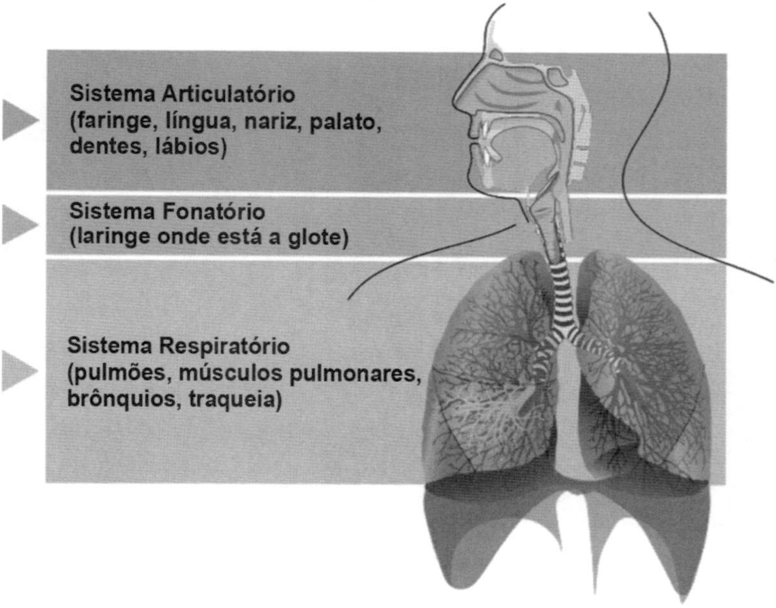

Fonte: Silva (2012, p. 24) (adaptado).

Os três sistemas apresentados na Figura 22 caracterizam o **aparelho fonador** e são fisiologicamente responsáveis pela produção dos sons da fala. A parte inferior, em que está o pulmão, é a responsável em produzir o ar que se transformará em som compreensível para o ser humano. Logo em seguida, a segunda parte do aparelho fonador diz respeito ao sistema fonatório. Essa região é composta pela laringe, em que estão as pregas vocais.

Figura 23 Funcionamento das pregas vocais

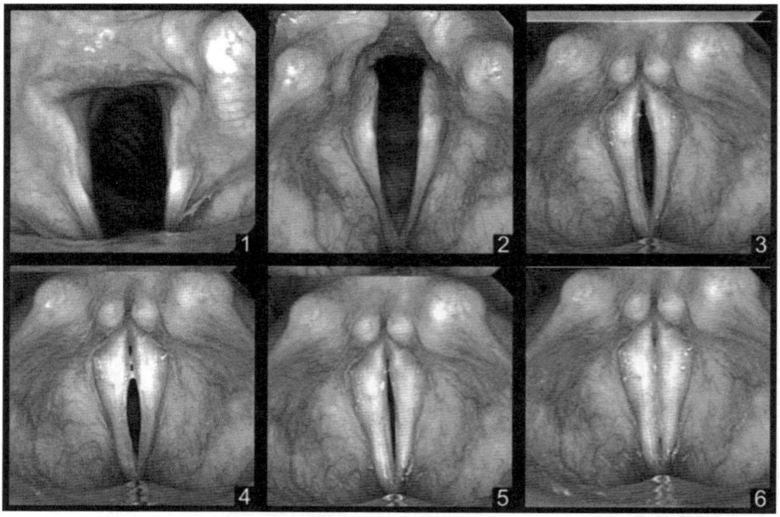

Fonte: https://tinyurl.com/bde5fvjm.

A terceira e última parte do aparelho fonador é também conhecida como aparelho ou sistema articulatório. Ele é composto por faringe, cavidade nasal e cavidade bucal, em que se situam a língua, os dentes, o palato duro e o palato mole.

Todas as línguas naturais possuem consoantes e vogais. O que difere o som de cada segmento consiste justamente nas mudanças provocadas pela obstrução ou não da corrente de ar que passa pela boca. O segmento consonantal é marcado pela obstrução total ou parcial da corrente de ar. O segmento vocálico, por sua vez, diferencia-se pelo fato de não haver nenhum tipo de impedimento na passagem da corrente de ar. Porém, nem sempre esses segmentos são realizados plenamente, podendo em alguns casos não serem tão precisos: são eles os glides ou as semivogais.

Por isso, é possível afirmar que os sons produzidos nas línguas naturais são limitados por causa das características fisiológicas do aparelho fonador, o que nos permite compreender aproximadamente 120 símbolos que categorizam as consoantes e as vogais das línguas naturais. Esses símbolos são a representação gráfica dos sons: uma notação fonética baseada no alfabeto latino, criado pela Associação Fonética Internacional (AFI) para padronizar os sons do idioma falado.

Figura 24 Tabela das consoantes do Alfabeto Fonético Internacional (AFI)

THE INTERNATIONAL PHONETIC ALPHABET (revised to 2020)

CONSONANTS (PULMONIC) ©2020 IPA

	Bilabial	Labiodental	Dental	Alveolar	Postalveolar	Retroflex	Palatal	Velar	Uvular	Pharyngeal	Glottal
Plosive	p b			t d		ʈ ɖ	c ɟ	k ɡ	q ɢ		ʔ
Nasal	m	ɱ		n		ɳ	ɲ	ŋ	ɴ		
Trill	ʙ			r					ʀ		
Tap or Flap		ⱱ		ɾ		ɽ					
Fricative	ɸ β	f v	θ ð	s z	ʃ ʒ	ʂ ʐ	ç ʝ	x ɣ	χ ʁ	ħ ʕ	h ɦ
Lateral fricative				ɬ ɮ							
Approximant		ʋ		ɹ		ɻ	j	ɰ			
Lateral approximant				l		ɭ	ʎ	ʟ			

Symbols to the right in a cell are voiced, to the left are voiceless. Shaded areas denote articulations judged impossible.

Fonte: WIKIPEDIA. Disponível em: https://tinyurl.com/5v4hme5z. Acesso em: 4 mar. 2020.

Os sons do português não comportam todos esses 59 sons e há outros que podem ser pronunciados, como os alofones, que são uma variação de determinado som sem que haja mudança no significado da palavra, como quando o estudante nascido no Rio de Janeiro diz "tia" (/'ʧ i a/) e o estudante nascido em João Pessoa diz /'t i a/. Mas, como referência básica, percebemos que o português falado no Brasil possui aproximadamente 26 sons de consoantes, conforme é possível verificar na tabela seguinte:

Figura 25 Alfabeto Fonético do Português Brasileiro

THE INTERNATIONAL PHONETIC ALPHABET (revised to 2020)

CONSONANTS (PULMONIC) ©2020 IPA

	Bilabial	Labiodental	Dental	Alveolar	Postalveolar	Retroflex	Palatal	Velar	Uvular	Pharyngeal	Glottal
Plosive	p b			t d				k g			
Nasal	m			n			ɲ	ŋ			
Trill				r							
Tap or Flap				ɾ							
Fricative		f v		s z	ʃ			x ɣ			h ɦ
Lateral fricative											
Approximant				ɹ		ɻ					
Lateral approximant				l			ʎ				

Symbols to the right in a cell are voiced, to the left are voiceless. Shaded areas denote articulations judged impossible.

Fonte: Os autores (Adaptado).

Como dissemos anteriormente, as vogais diferenciam-se das consoantes pelo fato de não haver nenhum tipo de impedimento na passagem da corrente de ar. Há, no português brasileiro, segundo Bisol (2014), muitas regras fonológicas que atuam diretamente no sistema vocálico, seja por razões prosódicas, fonotáticas ou morfológicas. Existem 28 vogais possíveis de serem produzidas em qualquer língua natural, conforme podemos observar no Alfabeto Fonético Internacional, no quadro das vogais, apresentado a seguir:

Figura 26 Vogais do Alfabeto Fonético Internacional

a) Vogais do IPA

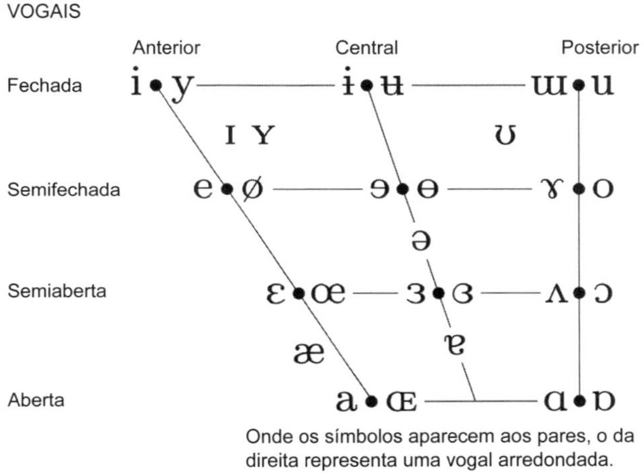

Fonte: Os autores (Adaptado).

b) Vogais do português brasileiro

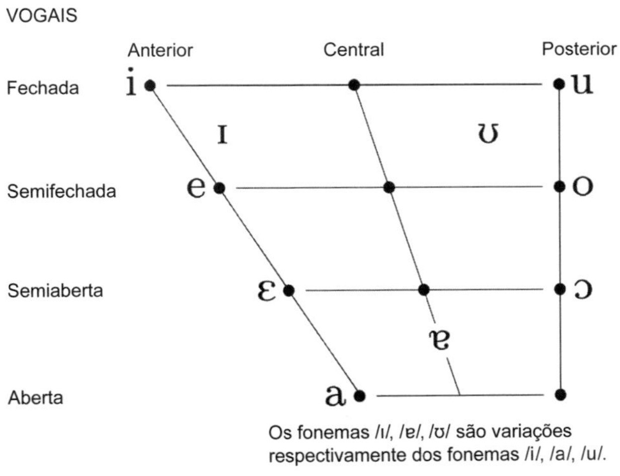

Fonte: Wikipedia. Disponível em: https://bit.ly/3bOidJE. Acesso em: 4 mar. 2020.

No Brasil, temos, como regra, o ensino de apenas cinco vogais, a, e, i, o, u, nas séries alfabetizadoras. Mas quem pensa que o som da língua portuguesa possui apenas cinco vogais está muitíssimo enganado(a)! Possuímos dezessete fonemas vocálicos, dos quais dez são vogais orais, cinco vogais nasalizadas e duas semivogais (glides).

Ou seja, as vogais, quando são pronunciadas, vão além dos cinco símbolos gráficos discutidos nas escolas. É por isso que o(a) professor(a), ao apresentar as vogais, diz: /a/, /e/, /i/, /o/, /u/, mas, quando o estudante se depara com palavras semelhantes a /'m ã j/ (mãe), /ɛ l ɛ 'f ã t i/ (elefante) e /'ɔ k u l u s/ (óculos), escreve *mae, elefati e oculus*. Então, o que fazer? Primeiro, deve-se informar ao aprendiz que não escrevemos como falamos, pois a escrita é uma representação e não exatamente o som que produzimos. Segundo, explicar que há marcas de nasalidade e tonicidade na fala que são grafadas por meio de acentuação gráfica, como nas palavras m<u>ã</u>e e <u>ó</u>culos, e proximidade de grafemas como em elefante. E, por fim, os(as) professores(as) devem promover reflexões apresentando diferentes situações em que a escrita é a mesma, mas a pronúncia é diferente.

Observem o quadro seguinte:

Quadro 3 Vogais do IPA

Vogais orais	Exemplos	Transcrição
/i/	igreja ditado	[i'greʒɐ] [di'tadʊ] [dʒi'tadʊ]
/ɪ/	azeite	[a'zejtɪ]

/ e /	leite	[ˈlejtɛ] [ˈlejte] [ˈlejtɪ] [ˈlejtʃɪ]
/ ɛ /	café pedra	[kaˈfɛ] [ˈpɛdɾa]
/ ɐ /	abacate	[ɐbɐˈkate] [ɐbɐˈkatɪ]
/ a /	abacaxi	[ɐbɐˈkaʃi]
/ u /	urubu	[uˈɾubu]
/ ʊ /	dado boneco	[ˈdadʊ] [boˈnekɔ] [boˈnekʊ] [bʊˈnekʊ]
/ o /	vovô bolo	[voˈvo] [ˈbolʊ]
/ ɔ /	vovó bota	[voˈvɔ] [ˈbɔtɐ]
Vogais Nasais	**Exemplo**	**Transcrição**
/ã/	tampo banana	[ˈtãpʊ] [ˈtãpɔ] [bɐˈnãnɐ] [b̃ãˈnãnɐ]
/ẽ/	tempo tento pente	[ˈtẽpʊ] [ˈtẽtʊ] [ˈpẽtɪ] [ˈpẽtʃɪ]
/ĩ/	tinta distintivo	[ˈtĩtɐ] [ˈtʃintɐ] [distĩˈtivʊ] [dʒistʃĩˈtivʊ]
/õ/	ponte tonto tombo	[ˈpõtɪ] [ˈpõtʃɪ] [ˈpõte] [ˈtõtʊ] [ˈtõbʊ]
/ũ/	tumba untado umbu	[ˈtũbɐ] [ũˈtadʊ] [ũˈbu]
Semivogais	**Exemplos**	**Transcrição**
/j/	pai	[ˈpaj]
/w/	pau jornal água	[ˈpaw] [ʒɔhˈnaw] [ˈagwa]

Fonte: Os autores.

Ao ensinarmos as vogais e as consoantes partindo apenas da ideia de grafema, provocamos "erros" naturais na leitura e escrita de palavras, a exemplo de "macarrão": /m a k a 'h ã w/ (*macarrau* ou *macarau*) no lugar de /m a k a 'h ã w/ (macarrão). Uma atividade interessante seria adaptar a brincadeira da forca, incluindo também espaço para a acentuação. O estudante presta atenção na quantidade de letras, assim como no acento que muda a pronúncia da palavra.

Figura 27 Atividade para acentuação

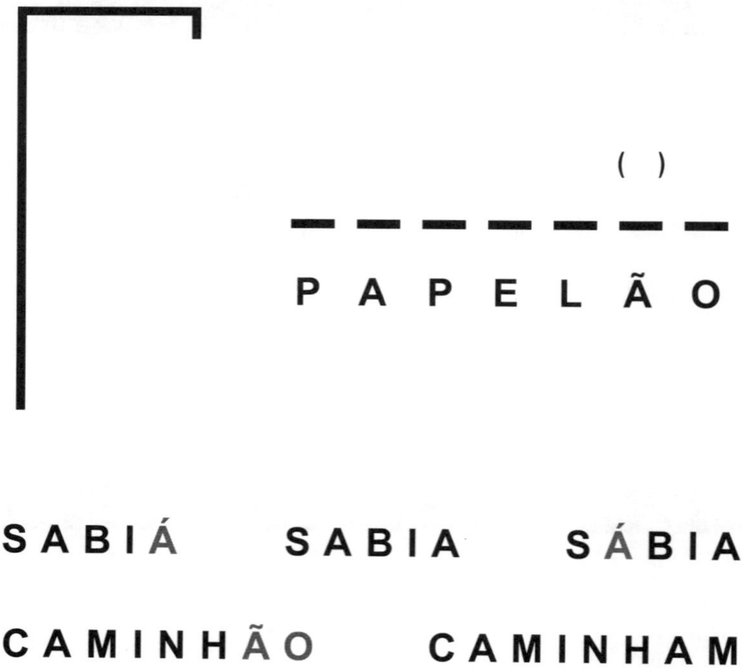

Fonte: Os autores

O posicionamento das vogais é basicamente o local onde e a forma como esses sons são produzidos na boca. A língua desliza para frente ou para trás indo para a parte mais posterior da boca para representar, por exemplo, o som /u/, assim nossos lábios ficam mais arredondados e fechados. Quando a língua faz o movimento oposto, ela desloca-se para frente para produzir o som do /i/, deixando os lábios totalmente distendidos.

O movimento da boca na produção da fala ou a percepção do som de consoantes ou vogais provoca no aprendiz questionamentos: "É com 'i'? Aqui é o 't' ou o 'd'? Como se escreve?". Lembre-se de que, na fase inicial de aquisição da escrita, as crianças escrevem como falam ou ouvem os sons, estando de acordo com as leis fonéticas de produção e percepção auditiva.

Fato curioso ocorreu quando observava uma criança brincando com um adulto. Durante a brincadeira, a criança de cinco anos escreveu uma lista de suas comidas preferidas, entre as quais "pipino". Esse é um fenômeno muito comum em todo o Brasil: a transformação de uma sílaba átona para harmonizar com a sílaba tônica a partir da pronúncia da palavra, no caso, pepino → pipino. Além do mais, a criança transcreveu o som de sua fala. Isso explica, também, o porquê de alguns alfabetizandos escreverem "*minino*" e não "menino".

A mesma criança escreveu "*tomati*". Nesse caso, ocorreu a neutralização da vogal final, ou seja, acompanhando a harmonia vocal durante a fala, a criança escreve uma vogal alta no lugar de uma média.

Em relação à tonicidade, é importante que o(a) alfabetizador(a) saiba que os sons das vogais do português têm uma variação de acordo com a posição da vogal na sílaba. Toda palavra possui uma sílaba tônica; em algumas, é fácil identificar a tonicidade da sílaba, como é o caso das palavras "lâmpada" e "café". Já em outras, essa identificação é mais complicada, porque a maioria das palavras não é marcada por um acento gráfico (os famosos acentos agudo e circunflexo); trata-se do caso das palavras "banana" e "copo". Também é fundamental saber que as outras sílabas que não a tônica têm um grau de tonicidade menor. Elas são chamadas de sílabas pré-tônicas quando antecedem a sílaba mais forte e pós-tônicas quando sucedem a sílaba tônica.

Quadro 4 As tonicidades das sílabas no PB

Pré-tônica	Tônica	Pós-tônica	
Ba	na	na	
Bi	lhe	te	
	lâm	pa	da
	co	po	

Fonte: Os autores.

Tempos atrás, em um curso de formação de professores, a estudante comentou: eu tinha uma dúvida quando era aluna do Ensino Básico: por que devemos usar o M antes de P e B? Foi explicado pelo(a) professor(a) que era pela fonética da língua portuguesa, pois são consoantes bilabiais. Para pronunciar o M, é necessário juntar os dois lábios, diferente do

N. Como a pronúncia do P e do B também requer a união dos lábios, é necessário utilizar o M antes do P e do B, respeitando as características fonéticas da língua. A mesma explicação se aplica à escrita de palavras como dente e lenda: o ponto de articulação dos fonemas /t/, /d/ e /n/ é alveolar, o ápice da língua toca os alvéolos, atrás dos dentes superiores.

O que difere as palavras "pato" e "mato"? Não é somente a troca de grafemas. A troca de fonemas muda o sentido da palavra. Então, proponha ao aluno brincar com os sons dos vocábulos por meio da pronúncia de palavras parecidas e reflitam sobre as mudanças. Por exemplo, a professora mostra um cartão com a figura de um "braço" e outro com a figura de um "traço" e pergunta para as crianças qual som começa cada palavra. Outros pares podem ser: "bola" e "mola"; "pão" e "mão"; "cadeira" e "madeira"; "mato" e "pato"; "rua" e "lua". Essa atividade também pode ser feita de modo escrito.

Figura 28 Letra inicial da palavra

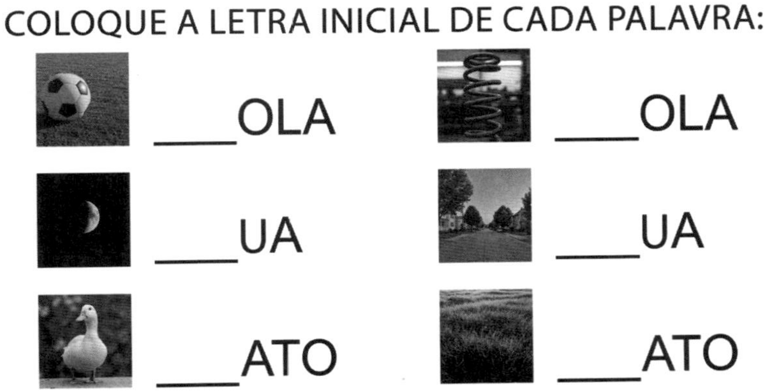

Fonte: Os autores.

Para ampliar seus saberes sobre essa questão, recomendamos:

- Artigo

BISOL, Leda. Fonética e fonologia na alfabetização. *Letras de Hoje*, Porto Alegre, v. 9, n. 2, 2014. Disponível em: https://revistaseletronicas.pucrs.br/ojs/index.php/fale/article/view/19361/12326. Acesso em: jun. 2023.

- Vídeo

ALFABETIZAÇÃO e linguística: entrelaçamentos históricos (homenagem a Miriam Lemle). *Abralin*, 24 fev. 2021 (2:02 min). Disponível em: https://www.youtube.com/watch?v=Nv98OOXa9XM&t=796s. Acesso em: jul. 2023.

Pergunta 16

QUAL É A DIFERENÇA ENTRE CONSCIÊNCIA FONOLÓGICA E CONSCIÊNCIA FONÊMICA?

Algumas vezes, você já deve ter escutado que é importante desenvolver a consciência fonológica dos alunos para auxiliar no processo de aquisição da leitura e da escrita. Mas você sabe do que se trata essa consciência e qual é a diferença entre ela e a fonêmica? Vamos esclarecer.

Durante a alfabetização, a criança descobre que, em alguns casos, as letras não representam diretamente os sons da fala e que há casos em que um grafema é associado a vários sons. A criança começa a refletir sobre as unidades sonoras da palavra, isto é, a desenvolver suas habilidades metafonológicas.

À tomada de consciência da estrutura fonêmica da linguagem, ou seja, da menor unidade de som – o fonema –, por meio da decomposição das palavras, dá-se o nome de **consciência fonêmica**. A criança concentra-se nos sons e não nas letras, tornando-se capaz de perceber, misturar, segmentar e manipular os sons isoladamente, formando novas sílabas e palavras.

A consciência fonêmica é parte da **consciência fonológica**, que se refere ao desenvolvimento da capacidade de ouvir, perceber e manipular os sons da fala, as palavras e as sílabas. O aluno é capaz de comparar e perceber o tamanho das palavras entre si (contagem do número de sílabas), identificar semelhanças sonoras entre palavras ou em parte delas, segmentar e manipular os sons retirando ou substituindo fonemas específicos.

A consciência fonêmica e a consciência fonológica fazem parte de um conjunto de habilidades em refletir sobre os segmentos sonoros das palavras. Ambas exploram o som e não as letras.

Essa é uma etapa importante, tendo em vista que, no processo inicial de escrita, algumas vezes, a criança apresenta tentativas variadas de correspondência figurativa entre o tamanho da palavra escrita e o objeto referido (Ferreiro, 1999). Por exemplo, ao apresentar as palavras "boi" e "formiga", a criança poderá identificar cada uma associando seu tamanho ao do animal. Nesse caso, associaria a palavra "formiga", que tem uma maior extensão diante do maior número de sílabas, à imagem do boi, que é um animal maior que a formiga, e vice-versa. Esse fenômeno é conhecido como realismo nominal.

Quando as crianças perguntam se a palavra "cavalo" começa com C ou G (o som [k] ou [g], respectivamente), ou com que letra começa a palavra "baleia", se é com a letra que tem só uma barriga ou é a letra mais forte com duas barrigas, na verdade, elas já estão ampliando seu grau de consciência fonológica sobre o sistema alfabético.

Propomos como atividades para o desenvolvimento da consciência fonêmica a descoberta de novas palavras a partir de uma palavra matriz. Por exemplo, o(a) professor(a) pronuncia a palavra "primavera" e pede aos alunos que descubram outros nomes dentro da palavra. As crianças podem dizer "prima" e "vera". Na palavra "floresta", os alunos podem dizer "flores", "flor", e, na palavra "tucano", "tu", "cano", "tuca", entre outros exemplos.

Para o despertar da consciência fonológica, propomos as atividades com rima (finais de palavras semelhantes) e aliterações (começo de palavras semelhantes). O(A) professor(a) fala uma palavra matriz e pede aos alunos que falem palavras com o final ou o início de sons próximos. A palavra matriz pode ser o nome dos alunos ou um elemento de um tema trabalhado em sala de aula.

Outra atividade é a brincadeira da viagem. O(A) professor(a) diz aos alunos que foi para um lugar, por exemplo, uma fazenda, ou pode ser o nome de um país ou de uma cidade, levando algo que começa com o fonema inicial do lugar. Depois pede que cada uma das crianças também diga o que deseja levar.

A dinâmica ocorre assim:

- (Professor): Eu fui para o Recife e levei um rato.
- (Aluno 1): Eu fui para o Recife e levei uma banana.

- (Professor): Não pode levar a banana.
- (Aluno 2): Eu fui para o Recife e levei uma roda.
- (Professor): Você pode levar uma roda.

O jogo termina quando grande parte da turma descobre que deve associar o fonema inicial do lugar com o da coisa a ser levada.

Todas as atividades para o despertar da consciência fonêmica e da consciência fonológica envolvem a percepção do som da fala, o que poderá refletir na escrita. Ou seja: quando a criança percebe a relação entre os segmentos sonoros e a quantidade de letras e sílabas em uma palavra e a relação fonema-grafema (som-letra), pode-se perceber que o seu estágio de escrita está próximo do nível alfabético.

Importante

A manipulação dos sons por meio das estratégias pedagógicas não deve ocorrer de forma isolada, como recomenda o método fônico, mas sim de modo integrado à prática da escuta e da escrita, por meio de jogos e textos utilizados em sala de aula.

Para ampliar seus saberes sobre essa questão, recomendamos:

- Artigos

ALFALETRAR: consciência fonológica (fase pré-fonológica). *Nova Escola*, 19 jul. 2017 (13:30 min). Disponível em: https://www.youtube.com/watch?v=tTGGbQhi-_Y&t=82s. Acesso em: jul. 2023.

CONSCIÊNCIA fonológica e sistemas alfabéticos de escrita: implicações para a alfabetização. *Cefac Fonoaudiologia*, 8 fev. 2019 (43:04 min). Disponível em: https://www.youtube.com/watch?v=lc5q-vwtyNM&t=4s. Acesso em: jul. 2023.

Pergunta 17

QUAL É A IMPORTÂNCIA DOS ESTUDOS DE MORFOLOGIA PARA OS ALFABETIZADORES?

A morfologia é o ramo da microlinguística que se ocupa do entendimento da estrutura e formação das palavras, incluindo as classes gramaticais. Esse conhecimento possibilita ao aluno a aquisição, a compreensão e a expansão do léxico da língua por meio de atividades em que o(a) professor(a) explore a construção das palavras, provocando, ainda, a atenção para a escrita e uma leitura mais rápida. Isso acontece porque as palavras novas de um texto são reconhecidas e "deduzidas" pelo estudante a partir do conhecimento adquirido sobre a construção da palavra originária.

Antes de destacarmos a relevância dos estudos da morfologia para os(as) alfabetizadores(as) mediarem o processo de aprendizagem da escrita dos alunos, é preciso entender os conceitos importantes desse ramo, a começar pelas palavras e por seus constituintes, os morfemas.

As palavras são formadas por morfemas, que são as menores unidades linguísticas que conferem significados às palavras. Eles são divididos em dois grupos:

a) **Morfemas lexicais:** também conhecidos como lexemas ou semantemas (Pottier, 1975), são elementos formados pelo radical, também conhecido como raiz; esse elemento é responsável por carregar o significado basilar de uma palavra.
b) **Morfemas gramaticais:** são elementos formados por uma desinência, uma vogal temática ou um afixo e constituem uma classe fechada. São voltados para as necessidades internas de uma determinada língua, ou seja, é algo intralinguístico. Pottier (1975) denomina os morfemas gramaticais de gramemas ou formantes, usando o termo lexema como oposto ao termo gramema.

Esses dois tipos de morfemas são subdivididos em quatro tipos: o radical, a vogal temática, as desinências e os afixos.

O radical ou raiz é a base significativa de qualquer palavra. A partir do radical, é possível gerar novas palavras derivadas, por exemplo: "flor" é o radical. Dele podem surgir outras palavras, como "**flor**zinha", "**flor**ista", "**flor**al" e "**flor**icultura".

A vogal temática (VT) é o morfema que, com o radical, forma o tema (radical + VT) e assim pode ligar o radical com as desinências, como: "map**a**", "mes**a**", "cadern**o**", "trib**o**".

As desinências são morfemas que se juntam ao radical para realizar as flexões da palavra (gênero, número, modo, tempo e pessoa). Há dois tipos de desinências: as **nominais**, que diferenciam o gênero masculino do feminino, além do número – por exemplo, "bonec**a**", "bonec**o**", "bonec**as**", "bonec**os**" –, e as **verbais**, que podem representar, além do número, a pessoa do discurso, o tempo e o modo verbal. Por exemplo:

CANTAMOS = CANT (radical) + A (vogal temática) + MOS (tempo)

Os afixos são elementos mórficos que se agregam ao radical, alterando-lhe o sentido. Dessa forma, a junção de um afixo com um radical permite a criação de novas palavras. Os afixos podem ser classificados em dois grupos, de acordo com o posicionamento que ocupam próximo à palavra: se vierem antes do radical, são chamados de prefixo. Por exemplo: "**re**fazer", "**des**leal", "**in**feliz". Se vierem depois, são denomidados sufixo, a exemplo de "feliz**mente**", "leal**dade**", "real**ismo**".

Há momentos em que, entre os morfemas, é necessário o acréscimo de uma vogal ou uma consoante de ligação. Seu objetivo é facilitar a pronúncia da palavra, uma vez que as vogais e consoantes não possuem nenhuma significação.

GAS- Ô -METRO	PAU- L -ADA
PARIS- I -ENSE	CAFE- T -EIRA

Toda palavra é formada pelo encadeamento de um morfema lexical e um morfema gramatical; desta forma, é possível formar diferentes palavras na língua. Como exemplo, podemos analisar a palavra “doce”, palavra primitiva que possibilita a criação de outros termos derivados.

1. a) doc + e → doce = substantivo/adjetivo
   b) doc + e + mente → docemente = advérbio
   c) doç + ura → doçura = substantivo
   d) a + doç + a + r → adoçar = verbo

Observem a palavra <**GATO**>. Ela pode ser dividida em quatro segmentos que, sozinhos, não possuem nenhuma significação:

<G> <A> <T> <O>

Outra forma de segmentar essa palavra seria dividi-la em sílabas. Mas note que cada sílaba sozinha também não possui significado:

<GA> <TO>

Por fim, apontamos uma última possibilidade de divisão dessa palavra:

<GAT> <O>

Nessa última segmentação, também em duas partes, cada uma delas possui uma significação que permite compreender o significado da palavra como um todo. O primeiro segmento ou morfema <GAT> permite-nos compreender a base da significação da palavra, pois nos remete a um tipo de animal mamífero, doméstico, carnívoro, quadrúpede da família dos felinos. O segundo morfema <O> representa o gênero masculino dessa espécie.

Outras partes (segmentos) que possuem significação podem ser incorporadas ao radical, como é o caso de:

GAT-INH-O-S

GAT-: segmento que contém a base da significação e nos remete a um conceito existente no universo da realidade.

-INH-: segmento que tem significação apenas no universo da língua, indicando o tamanho do ser (pequeno).

-O-: segmento que tem significação apenas no universo da língua, indicando que se trata de animal macho.

-S: segmento que tem significação apenas no universo da língua, indicando que se trata de mais de um ser.

Seguindo esses conhecimentos, percebemos que as palavras podem ser morfologicamente simples, a exemplo das palavras “banana” e “fogo”, que possuem apenas um morfema, ou morfologicamente complexas quando possuem mais de um morfema. Por exemplo, a palavra “bananeira” (formada pela raiz BANAN, unida ao sufixo –EIRA, que significa "lugar de origem ou o que produz") e a palavra "foguinho" (formada pela raiz FOG, unida ao sufixo –INHO, que significa "pequeno").

A habilidade da criança em perceber as unidades de significado e a construção ortográfica da palavra compõem a chamada consciência morfológica, que discutiremos, a seguir, na pergunta 18. A importância de o(a) professor(a) auxiliar seu aluno no entendimento da morfologia da palavra se dá porque muitas dúvidas na escrita, a exemplo de: carroça se escreve com "R" OU "RR" ou laranjeira é com "G" ou com "J", são amenizadas quando o estudante sabe a palavra que originou: CARRo e LARANJa, respectivamente. Saber que a palavra "cinto" é escrita com C e não com S torna-se fácil se o estudante reconhecer que "sinto" é derivado de "sentir, sentimento" e que, por isso, não significa o mesmo que "cinto".

Assim, o(a) professor(a) pode propor como atividade a construção de palavras a partir de uma dada palavra base ou apresentar um texto, que pode ser um poema, uma parlenda ou canção, e marcar algumas palavras em que o aluno perceba a construção e mudança de sentido:

Pergunta 17

Quadro 5 Atividade do pomar

	Fruta	Árvore
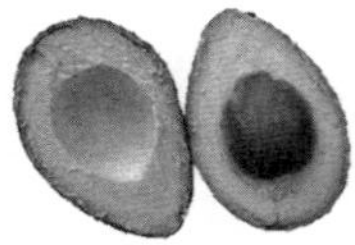	ABACATE	________________________
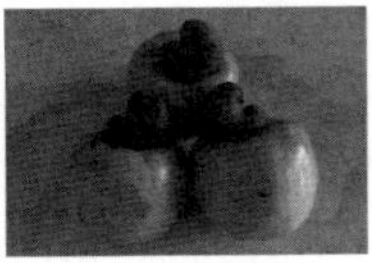	CAJU	________________________
	LIMÃO	________________________
	BANANA	________________________

Fonte: Arquivo pessoal.

Para ampliar seus saberes sobre essa questão, recomendamos:

- Artigo

GOULART, Tamires Pereira Duarte; MIRANDA, Ana Ruth Moresco. Um estudo sobre a grafia de morfemas flexionais em textos de escrita inicial. *ReVEL*, Porto Alegre, v. 21, n. 40, 2023. Disponível em: http://www.revel.inf.br/files/9434c610d0867aede2ae7ea6ae1190ee.pdf. Acesso em: jul. 2023.

Pergunta 18

O QUE É A CONSCIÊNCIA MORFOLÓGICA?

A alfabetização requer da criança várias habilidades; uma delas é reconhecer como as palavras são escritas. A consciência morfológica está relacionada à "percepção consciente da estrutura morfêmica das palavras e sua capacidade de refletir e manipular essa estrutura" (Carlisle, 1995, p. 194). A criança passa a utilizar de forma intencional os diversos morfemas a que tem acesso, produzindo novas palavras por meio das estruturas disponíveis em cada língua. Estamos tratando da percepção das partes fixas e variáveis que constituem a palavra e que conduzirá a criança a organizar sua ortografia.

Dito isso, a habilidade de compreender as palavras, refletir e manipular as partes que as compõem formando novas palavras é chamada de **consciência morfológica** ou **consciência morfossintática**.

A consciência morfológica é o domínio que o falante tem sobre as palavras, na verdade, sobre as menores unidades de significado: os morfemas. Ao conhecer como se forma uma palavra, o falante de uma língua desenvolve habilidades que permitem compreender o processo de formação das palavras, dominando as menores unidades de sentido e permitindo uma melhor leitura e consequentemente uma melhor escrita.

Conhecer a forma e o sentido ou o significado dos morfemas facilitará o entendimento das palavras e a escrita de palavras parecidas, como "conserto" e "concerto". A palavra "consertar" tem como sentido refazer ou reconstruir algo. Então, na frase "O **consert**o das panelas ficou bom", escreve-se com <S>. A palavra "**concert**o" é sinônimo de uma sessão musical com vários instrumentos musicais. Poucas pessoas sabem, mas o substantivo "concerto" é derivado do verbo "concertar", que, atualmente, é pouco utilizado na língua portuguesa falada no Brasil. Essa palavra tem o significado de "soar harmoniosamente" ou "combinar ordenadamente", além de "harmonizar" e "conciliar".

Das partes que compõem as palavras, isto é, radicais, desinências e sufixos, os(as) professores(as), geralmente, destacam os radicais e a inclusão de afixos para estimular o processo de formação de palavras, com ênfase para os sufixos, e não chamam atenção para o fato de que os prefixos também trazem significado, a exemplo de "DES" e "IN", que significam "negação", "BI" ou "DI", "duplicidade".

Muitas vezes, nossos alunos se deparam com dúvidas sobre a escrita de uma palavra, por exemplo: "laranjeira é com G ou J?". Nesse momento, o conhecimento sobre a compreensão da formação da palavra pode ajudar. Incentive o aluno a realizar associações sobre a escrita: "Você sabe de onde deriva a palavra 'laranjeira'? Da palavra 'laranja'. Você se lembra de como se escreve a palavra 'laranja'? Se você colocar a letra G na palavra, ficará 'laranga' e, se colocar J, ficará 'laranja'". Ou seja: o morfema do radical, parte fixa da palavra, não muda: **laranj**a, **laranj**eira, **laranj**inha, **laranj**ada, **laranj**al, a**laranj**ado, entre outros.

Ao proceder dessa forma, o(a) professor(a) ajudará a criança a refletir sobre as unidades de formação das palavras e, assim, desenvolver a consciência morfológica que a auxiliará na ortografia e leitura de futuras palavras e textos.

Segundo Queiroga e Lima (2016), o melhor desempenho no julgamento da grafia correta está relacionado ao uso e reconhecimento de palavras vistas anteriormente e, consequentemente, memorizadas. O aluno passa a reconhecer visualmente a grafia das palavras, o que proporciona a memorização da escrita. É por isso que palavras desconhecidas podem ser escritas corretamente por associação morfêmica com seu significado e a violação na grafia correta de uma palavra pode gerar uma pseudopalavra.

A reflexão morfossintática sobre a palavra é importante para a aquisição lexical ou o desenvolvimento do vocabulário, a escrita ortográfica, a decodificação e a compreensão da leitura.

Uma sugestão de atividade para despertar a consciência morfológica é a realização de ditados de palavras primitivas e derivadas. Em um papel, o(a) professor(a) faz um quadro com duas colunas: na primeira, ele(a) coloca as palavras primitivas, e, na segunda, ele(a) deixa os espaços em branco para que os alunos coloquem as palavras derivadas que serão ditadas. Inicialmente, a criança terá o apoio visual da palavra, observando a estrutura morfêmica. Com o avançar da aquisição lexical, o apoio visual pode ser abandonado.

Quadro 6 Ditado de palavras primitivas e derivadas

CARRO	(carreta)
GUERRA	(guerreiro)
GELO	(geladeira)
PEIXE	(peixaria)
ROLAR	(desenrolar)
PAU	(paulada)
CAÇA	(caçador)
SUJO	(sujeira)
POSSÍVEL	(impossível)
CASA	(casamento)

Fonte: Os autores.

Outra atividade é confeccionar cartões em papelão ou cartolina com o nome de algumas profissões e outros com as palavras que as originam. Expor os cartões com as profissões no quadro, no chão ou na mesa e, em seguida, pedir aos alunos que apontem ou peguem o cartão correspondente às perguntas feitas pelo(a) professor(a):

- Quem trabalha no "açougue" (mostra o cartão da palavra) é o...?
- Quem conserta "sapato" (mostra o cartão da palavra) é o...?
- Quem vende "jornal" (mostra o cartão) é o...?
- Quem corta "cabelo" (mostra o cartão) é o...?

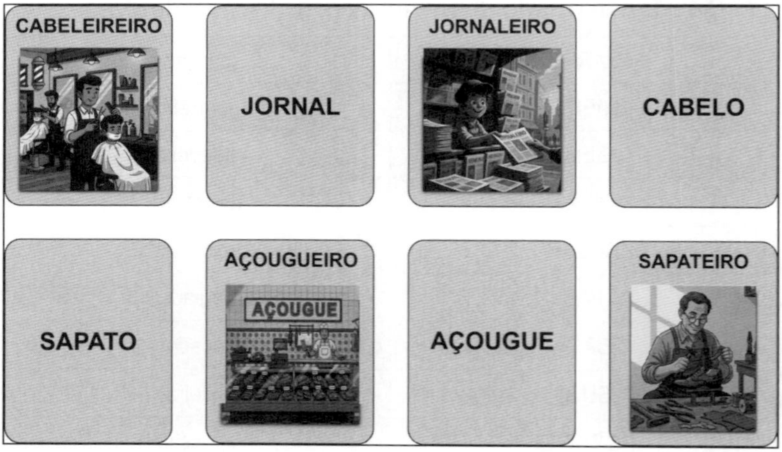

Uma terceira atividade é confeccionar cartões com diversos morfemas que correspondem aos radicais de algumas palavras e colocar em uma caixa que ficará com o(a) professor(a). Por exemplo: "cabeça", "colorir", "pescar", "triste", "príncipe", "barriga", "brincar", "feliz", "igual", entre outros. Em seguida, o(a) professor(a) distribui entre os alunos alguns segmentos de palavras que correspondem aos afixos: EIRA, UDO, DES, IA, ADA, IN, IDO, EZA, ESA, entre outros, que podem estar repetidos entre os alunos. A atividade começa com o jogo de criar palavras a partir do sorteio realizado pelo(a) professor(a) da palavra original. O(A) professor(a) sorteia, por exemplo, a palavra "cabeça" e pede aos alunos que a completem com algum dos "pedacinhos" que receberam. O aluno perceberá que algumas palavras existem e outras não.

Para ampliar seus saberes sobre essa questão, recomendamos:

- **Artigo**

MOTA, Márcia Maria Peruzzi Elia da; SILVA, Kelly Cristina Atalaia da. Consciência morfológica e desenvolvimento ortográfico: um estudo exploratório. *Psicologia em Pesquisa*, Juiz de Fora, v. 1, n. 2, p. 86-92, dez. 2007. Disponível em: http://pepsic.bvsalud.org/scielo.php?script=sci_arttext&pid=S1982-12472007000200009&lng z= pt&nrm=iso. Acesso em: jul. 2023.

Pergunta 19

NO PERÍODO DE ALFABETIZAÇÃO, DEVEM SER APLICADAS PROVAS?

Para responder a essa questão, é necessário que, primeiramente, entendamos o que é prova. Trata-se de um instrumento de avaliação que se instituiu culturalmente. Na sociedade, teoricamente, a prova serve para medir conhecimentos das pessoas. Só que isso é discutível quando se trata de uma situação de aprendizagem ampla, como é o caso da alfabetização.

Além da situação de estresse em que o aluno é colocado ao fazer uma prova, esse instrumento recorta o conhecimento em partes, desconsiderando o conhecimento mais amplo.

Desse modo, a prova deveria somente ocorrer quando fosse necessário excluir pessoas de um processo. Por exemplo, em um concurso em que há mais candidatos que vagas, a prova serve para "selecionar os mais capazes" e, consequentemente, "excluir os menos capazes". Todavia, podemos considerar que esse processo não é, na maioria das vezes, eficiente, pois os critérios geralmente não são suficientes para avaliar os indivíduos em sua totalidade. Além disso, o momento da prova é sempre tenso, o que pode causar no candidato um estado de nervosismo que, por sua vez, influencia seu desempenho.

Na escola, a prova também se diz um instrumento de avaliação. Mas, do mesmo modo que na sociedade, causa estresse, sobretudo às crianças pequenas que, pela imaturidade, ainda não entendem esse processo.

Quando falamos de avaliação nessa fase, é preciso que entendamos bem o processo dessa prática. Por exemplo, para Luckesi (2005, p. 34-35):

> [...] o momento da avaliação deveria ser um momento de fôlego na escalada para, em seguida, ocorrer a retomada da marcha de forma mais adequada e nunca um ponto definitivo de chegada, especialmente quando o objeto de ação avaliativa é dinâmico como, no caso, a aprendizagem. Com a função classificatória, a avaliação não auxilia em nada o avanço e o crescimento. Somente com uma função diagnóstica ela pode servir para esta finalidade.

No que se refere à função classificatória, podemos inferir que, por exemplo, a prova, na maioria das vezes, serve apenas para colocar as crianças em "ordem" de mais inteligentes ou menos inteligentes. Sobretudo no período inicial de escolarização, esse tipo de avaliação pode incutir nas crianças uma baixa no autoconceito, o que mais tarde interferirá em sua capacidade de construir conhecimento.

A prova, por sua vez, é um instrumento cultural cobrado pelos pais que, majoritariamente, passaram por esse tipo de "avaliação". Muitas vezes, a nota é a única forma de a família entrar em contato com o desenvolvimento da criança. Uma escola que se proponha a abolir esse tipo de avaliação pode ser vista com maus olhos.

Para que a família, ou quem cuida da criança, entenda melhor essa questão, é necessário que haja um esclarecimento por parte da equipe pedagógica. Todavia, a equipe pedagógica também precisa estar segura sobre o processo de avaliação diagnóstica, o qual discutiremos na resposta à pergunta seguinte.

Para ampliar seus saberes sobre essa questão, recomendamos:

- Filme

A EDUCAÇÃO proibida (filme independente). 2012 (145 min). Disponível em: https://www.youtube.com/watch?v=OTerSwwxR9Y&t=612s. Acesso em: jul. 2023.

Pergunta 20

COMO DEVEMOS AVALIAR CRIANÇAS OU ADULTOS EM PERÍODO DE ALFABETIZAÇÃO?

No período de alfabetização, a avaliação é um momento extremamente importante, visto que é por meio dela que se constroem os passos seguintes da organização do planejamento didático, ou seja, das atividades aplicadas aos alunos.

A priori, é preciso que nós, alfabetizadores(as), tenhamos plena consciência das diferenças dos níveis de conhecimento da escrita e da leitura dos alunos. Essa consciência nos direciona para um processo de avaliação subjetiva, ou seja, que observa o desenvolvimento dos alunos de forma individualizada.

Atualmente, em face da ampla divulgação de teorias que versam sobre a aquisição do conhecimento ser algo que ocorre em tempos e modos diferentes entre os indivíduos, ouve-se muito o discurso de que é preciso respeitar as diferenças.

Todavia, na prática, ainda se ouve também professores(as) dizendo que "aquele aluno não acompanha a turma" ou "ele tem dificuldades", "é lento", entre outros termos. Isso nos mostra a enorme barreira entre a teoria e a prática existente na escola.

Não queremos dizer com isso que nós, professores(as), não devemos desempenhar o papel de promover avanços no processo de aquisição do conhecimento por nossos alunos. A questão é o que fazer e como fazer para que avancem a cada dia. Nesse caso, a avaliação é de fato algo essencial para construirmos os caminhos mais apropriados para aprender.

No período da alfabetização, por exemplo, temos convicção de que qualquer prática de ensino deve partir da escrita e leitura espontânea da criança. **Isto é, sem saber o que nossos alunos já sabem sobre a escrita, é impossível planejar atividades pedagógicas.**

Além disso, as avaliações com os alunos vão apresentar níveis, na maioria das vezes, bastante distintos. Em uma classe de alfabetização, pode haver crianças já alfabetizadas e outras em nível pré-silábico. Desse modo, a avaliação subjetiva, ou seja, aquela que observa os alunos de forma individualizada, é certamente o caminho para o desenvolvimento coletivo.

Pergunta 20

Para ampliar seus saberes sobre essa questão, recomendamos:

- Mídia

GRUPO de Estudo e Pesquisa LEIAA. *Magda Soares com Argumentos* [vídeo – YouTube Shorts]. YouTube, 28 jun. 2023. Disponível em: https://www.youtube.com/shorts/DsJgOW_eeCI. Acesso em: 10 jul. 2023.

Pergunta 21

COMO LIDAR COM O PRECONCEITO LINGUÍSTICO NA FASE DE ALFABETIZAÇÃO?

O preconceito linguístico está na sociedade em geral por conta da ideia de que existe somente uma forma para falar ou escrever. Desse modo, ainda na Educação Infantil e nos anos iniciais do Ensino Fundamental, é necessário que se discuta com as crianças a questão das variantes linguísticas. Isso deverá ser feito de modo que possam entender que tanto a fala quanto a escrita apresentam variações.

Essa questão vai também ao encontro da ideia de certo *versus* errado, a qual a escola costuma incutir nas crianças ainda muito cedo. Em pesquisa realizada por Henz e Bezerra (2019), observa-se que alguns(algumas) professores(as) pensam que crianças que "falam errado, escrevem errado", o que pode ser explicado à luz da ideia de que a escrita é unicamente representação da fala.

Nesse sentido, os(as) professores(as) devem deixar claro para as crianças que podemos dizer a mesma coisa de diversas formas, mas que precisamos prestar atenção, sobretudo quando escrevemos, às regras ortográficas.

Por exemplo, costumamos falar "gatu" (/'ga . tu/), mas escrevemos "gato".

Esse tipo de informação desperta nas crianças a atenção (consciência metalinguística) para a questão da fala e da escrita, bem como para as variantes nos espaços geográficos, no tempo (históricas), na escolarização dos falantes, entre outras. Quando esse tipo de trabalho é feito pelos(as) professores(as) desde o início da educação básica, há muitas chances de que as próximas gerações se libertem de mais esse preconceito: o de natureza linguística.

Sabemos que a língua é viva e está em constante mudança. O Brasil é um país de dimensões continentais e por isso é comum encontrarmos variações que marcam grupos de regiões distintas e às vezes grupos da mesma região. Segundo Lamprecht (2004), as primeiras vogais que as crianças adquirem são: as letras /a/; /i/ e /u/. Há, no português, um fenômeno que eleva as vogais médias /e/ para /i/, além do /o/ para /u/, em determinados contextos. Exemplos:

1a. 'menino' → [mi'ninu]
1b. 'coruja' → [ku'ruja]

O que ocorre nesse fenômeno é a tentativa do falante de harmonizar as sílabas, passando as vogais médias – /e/ no caso da palavra menino e /o/ no caso da palavra coruja – para /i/ e /u/, respectivamente, em decorrência da força exercida pela vogal tônica alta. Outras características muito comuns em quase todas as variantes do português brasileiro são:

- A neutralização das vogais postônicas finais.

Exemplos:

2a. 'bolo' → [ˈbolʊ]
2b. 'pato' → [ˈpatʊ]
2c. 'copo' → [ˈkopʊ]
2d. 'pote' → [ˈpotɪ]
2e. 'sorvete' → [soχvɛtɪ]

- A ditongação final em palavras que terminam com uma aproximante lateral /l/ para uma semivogal.

Exemplos:

3a. 'papel' → [papɛw]
3b. 'jornal' → [ʒɔhnaw]

Mas outra questão importante diz respeito não somente às variações fonológicas, mas também àquelas de natureza diatópicas (de lugar).

> Uma professora contou que trabalhava em uma comunidade rural distante da cidade em que morava. Um dia disse às crianças:
>
> – Hoje, vamos fazer um texto.
>
> Uma das crianças respondeu:
>
> – Oba! Vamos fazer tampa de panela!
>
> A professora não entendeu na hora aquilo que a criança disse e retrucou:
>
> – Não, menino, vamos escrever uma história.
>
> Tempos depois descobriu que a palavra "texto", no sentido utilizado, não era conhecida das crianças, mas sim como tampa de panela (texto).

Essa e outras questões podem contribuir para a desconstrução de um sujeito linguístico que chega à escola com um vocabulário previamente organizado. Ter sensibilidade para observar essas características e não corrigi-las atende ao entendimento da língua como um fenômeno variável, que, portanto, pode ser vista e usada de diversas formas. "Então, o que fazer quando as crianças chegam à escola falando 'arubu' (urubu)?", perguntam os(as) professores(as). Devemos mostrar que há outra(s) forma(s) de dizer e escrever essa palavra. Com isso, certamente, evitamos o preconceito linguístico, mas, para além disso, ampliamos sua competência comunicativa.

Para ampliar seus saberes sobre essa questão, recomendamos:

- Artigo

BARRERA, Sylvia Domingos; MALUF, Maria Regina. Variação linguística e alfabetização: um estudo com crianças da primeira série do ensino fundamental. *Psicologia Escolar e Educacional*, Campinas, v. 8, n. 1, p. 35-46, jun. 2004. Disponível em: http://pepsic.bvsalud.org/scielo.php?script=sci_arttext&pid=S1413-85572004000100005&lng=pt&nrm=iso. Acesso em: jul. 2023.

Pergunta 22

QUAIS SÃO OS ERROS/DESVIOS ORTOGRÁFICOS MAIS COMUNS NA ESCRITA DA CRIANÇA DURANTE A FASE DA ALFABETIZAÇÃO?

Tratar de erro em alfabetização é uma questão muito séria, pois poderíamos dizer que os erros não existem. Então, você poderia perguntar: "Como assim? E quando a criança troca ou esquece as letras, ela não comete um erro?".

Eu lhe respondo inicialmente com outra pergunta: "Quem já não esqueceu ou se perguntou como se escreve uma palavra?". A criança em sua fase de alfabetização comete "erros" comuns que, com o passar dos anos, durante seu processo de alfabetização, vão diminuindo. Então compreendemos algumas alterações como uma condição comum ao processo de desenvolvimento e aquisição da escrita.

Há "erros" ortográficos que fazem parte da aprendizagem da criança em processo de alfabetização e têm relação com as hipóteses construídas pela criança sobre a escrita. Como saber se a sua ocorrência se trata de erros comuns que fazem parte do processo de aquisição normal/típico ou esperado da aquisição da escrita ou corresponde a desvios ortográficos? Para responder a essa pergunta, é importante considerar que a questão entre "erro típico da aquisição" e "desvio" não tem relação com os tipos das alterações ortográficas apresentadas, mas com o processo de aquisição da escrita. Ou seja, quando há ausência, dificuldade, persistência ou lentidão para construir e generalizar hipóteses após diferentes intervenções pedagógicas, é possível que a criança apresente um desvio na ortografia.

Certa vez, pesquisando a escrita de um grupo de crianças, percebemos que algumas delas insistiam em grafar no meio das frases a letra P em maiúsculo, mesmo após as orientações da professora. As atividades eram riscadas, e eram-lhes atribuídos erros ortográficos. Porém, o que ocorria era uma confusão entre as grafias cursiva e bastão, que foram sanadas após o entendimento infantil sobre os modos da escrita.

Zorzi (1998), analisando a escrita infantil, catalogou onze equívocos durante a apropriação do sistema ortográfico:

1) **Alterações ou erros decorrentes da possibilidade de representações múltiplas**: essas alterações podem ocorrer em virtude da confusão na correspondência entre letra e fonema, por não existir formas fixas ou únicas de representação gráfica de certos sons.

a) Erros envolvendo a grafia do fonema /s/, que pode ser escrito por diferentes letras: **s** (sapo); **c** (cerca); **ç** (taça); **sc** (piscina); **sç** (nasça); **xc** (excesso); **x** (explicar) e **z** (feliz).

Exemplos: caçador – casador; será – **cera**; travesseiro – traveseiro; cresceu – creseu; explicação – esplicasão; serviço – serviso, apareceu – paresseu.

b) Erros envolvendo a grafia do fonema /z/, que pode ser representado pelas letras z (zero), s (casar) e x (examinar).

Exemplos: presente – prezente; tristeza – tristesa; fazer – faser, exemplo – esemplo.

c) Outros erros: manchar – manxar; churrasco – xurrasco; bruxa – brucha e chão – xão.

Esse último está apresentado no exemplo seguinte:

Figura 29 Teto e chão

Fonte: Arquivo pessoal.

2) **Alterações ortográficas decorrentes do apoio na oralidade**: palavras grafadas incorretamente por causa de um apoio no modo de falar para decidir o modo de escrita.
Exemplos: trabalhar – traba**liar**; quente – queiti; dormir – durmi.

Figura 30 Apoio na oralidade

Fonte: Arquivo pessoal.

3) **Omissão de letras:** palavras grafadas de modo incompleto diante da omissão de uma ou mais letras.
Exemplos: sangue – sague; queimar – quemar; coitada – coida; comprou – compou.

4) **Alterações caracterizadas por junção ou separação das palavras**: resultam em palavras unidas entre si ou fracionadas. Esse processo corresponde aos fenômenos denominados hipersegmentação e hipossegmentação.
Exemplos: às vezes – asvezes; naquele – na quele; se perder – siperder; quatrocentos – quatro sentos.

Figura 31 Hipersegmentação

Fonte: Arquivo pessoal ("livro verde e a baguete")

5) **Alterações decorrentes da confusão entre am e ão:** palavras que terminam com (am) e que são grafadas como (ão) e vice-versa (por exemplo, comeram – comerão; saíram – sairão). Esse tipo de equívoco ocorre por influência do apoio na oralidade e da representação múltipla: para escrever o ditongo nasal /ãw/ que está presente na pronúncia de palavras como "cantarão", "comeram", temos duas possibilidades: am ou ão, dependendo da tonicidade das palavras.

6) **Generalização de regras**: envolve a generalização de procedimentos de escrita aplicados de maneira não apropriada.

Exemplo: palavras com o som de "i" – escrevem com a letra "e" ou palavras com o som de "u" – escrevem com a letra "o" ou "l".

Exemplos: fugiu – fugio; cimento – cemento; emagreceu – emagresel; tesoura – tesolra.

7) **Alterações caracterizadas por substituições envolvendo a grafia de fonemas surdos e sonoros**: substituições de letras que representam fonemas que se diferenciam pelo traço de sonoridade: /p/ x /b/, /t/ x /d/; /k/ x /g/; /f/ x /v/; /s/ x /z/; /ch/ /p/ --> /b/, /j/.
Exemplos: pegando – peganto; jornal – chornal; perdido – perdito.

8) **Acréscimo de letras**: envolve o acréscimo de letras na palavra.
Exemplos: machucar – manchugar; estava – estatava; apareceu – papareceu; fugiu – fuigiu.

9) **Letras parecidas:** substituições de letras parecidas.
Exemplos: cachorro – caclorro; medo – nedo.

10) **Inversão de letras**: ocorre quando palavras apresentam letras em posição invertida no interior da sílaba ou mesmo sílabas em posição distinta daquela que deveriam ocupar dentro da palavra.
Exemplos: pobre – pober; fraquinho – farquinho; acordou – arcodou; enxugar – enxugra.

12) **Outros casos:** forma particular de escrever, quando os erros ou enganos não são comuns. Exemplos: sangue – jange; bruxa – gurcha; preciso – parcicho; labirintos – britos.

Esses equívocos ortográficos listados tendem a ser superados à medida que a criança passa a elaborar hipóteses e noções peculiares para a compreensão do sistema ortográfico. Zorzi (2009) apresenta como pré-requisitos para a consolidação da escrita alfabética e aprendizagem do sistema ortográfico da escrita:

a) Construção da hipótese alfabética.
b) Domínio da posição da letra no espaço gráfico.
c) Diferenciação do traçado das letras (domínio visuoespacial).
d) Compreensão do papel da entonação (noção de tonicidade e sílaba tônica).
e) Desenvolvimento da habilidade de segmentação de blocos sonoros em unidades vocabulares (palavras).
f) Desenvolvimento da capacidade de segmentação de palavras em unidades fonêmicas e conhecimento das possibilidades de construção de sílabas.
g) Identificação das variações entre falar e escrever e estabilização da escrita convencional.
h) Compreensão da possibilidade de representações múltiplas e estabilização da forma convencional.

A apropriação do sistema ortográfico de escrita demanda compreender e distinguir características da linguagem falada e escrita, incluindo a diferenciação visual do traçado das letras, a identificação dos sons correspondentes das letras e a compreensão de que uma mesma letra pode representar diferentes sons, bem como um som pode ser representado por diferentes letras, além da identificação da posição da letra dentro da palavra e da compreensão de que há variações entre fala e escrita.

Ainda na perspectiva do erro/desvio, chamamos atenção para o fato de que, no início da aquisição da escrita, a tendência é de que a criança escreva como fala. No desenvolvimento desse conhecimento, é possível observar que ela compreende as especificidades da modalidade escrita, avançando na aquisição do padrão ortográfico à medida que seu contato com a escrita se intensifica.

Muito do que a criança sabe sobre a escrita não lhe é ensinado. Ela própria constrói esse conhecimento com base em suas observações e experiências leitoras e escritas.

É muito importante uma conduta pedagógica que proponha a compreensão dessas noções básicas para o sistema de apropriação da escrita ortográfica. Além disso, promover reflexões dos alunos sobre a origem dos desvios ortográficos na escrita é um caminho interessante para a superação das dificuldades e dos desafios da escrita ortográfica.

Pensando dessa forma, propomos como atividades as palavras cruzadas, o chamado Jogo torto e uma adaptação do Jogo dos sete erros. No segundo, são dispostas letras para que a criança forme quantas frases conseguir encontrar.

Figura 32 Jogo torto

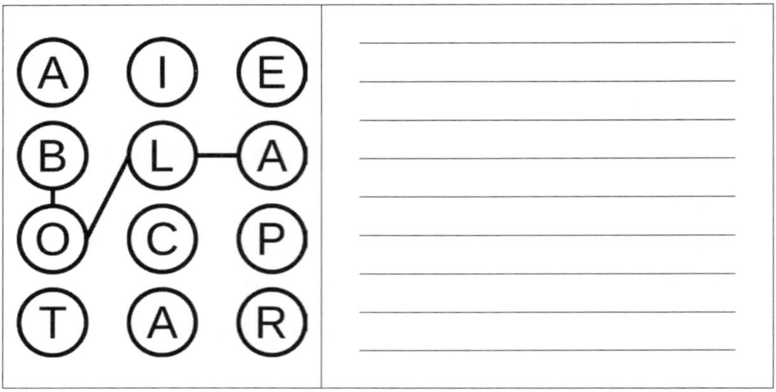

Fonte: Os autores.

Para o Jogo dos sete erros, o(a) professor(a) escreve um texto curto com alguns equívocos comuns e, em seguida, apresenta o texto correto e pede que a criança marque onde estão os erros. Outra forma é a criança identificar os erros no texto, para isso, o trabalho com releitura e reescrita é um caminho produtivo para realizar as autocorreções e reescrever ortograficamente.

Figura 33 Jogo dos sete erros

Jogo dos sete erros

Leia o texto com atenção e descubra **sete palavras** que possuem erros de ortografia.

A HISTÓRIA DA PEDRA QUE QUERIA VIAJAR

A pedra estava cansada de ficar parada no xão, mas naum conseguia andar. Um dia o mininu pegou a pedra com o bodoque e atirou a pedra longe. Bateu no macaco, que jogou a pedra e bateu no jafali. Ele jogou a pedra e bateu no pinguim, que lansou a pedra no uso e este jogou a pedra no urubu. Aborecido, o urubu jogou a pedra no mar. Uma grande baleia estava bocejando e engoliu a pedra. Agora a pedra está passeando pelo oceano no estômago da baleia.

Fonte: Arquivo pessoal.

Para ampliar seus saberes sobre essa questão, recomendamos:

- Artigo

OLIVEIRA, Natália Devantier de; GRASSI, Luísa Hernandes; TEIXEIRA, Shimene de Moraes. A importância do conhecimento sobre a língua para a prática pedagógica de professores das séries iniciais. *Unisinos*, São Leopoldo, 2009. Disponível em: https://wp.ufpel.edu.br/geale/files/2010/11/Trabalho-UNISINOS20091.pdf. Acesso em: jul. 2023.

Pergunta 23

SERÁ QUE TUDO É DISLEXIA?

Diante de uma dificuldade acentuada na leitura e na escrita, é comum rotular a criança como disléxica. É preciso ter muito cuidado, pois fatores socioeconômicos, ambientais, familiares e a falta de práticas de letramento, ou seja, fatores extrínsecos, podem influenciar o desenvolvimento das habilidades de leitura.

Segundo Alves, Siqueira e Lodi (2011), a dislexia é um transtorno específico de aprendizagem da leitura caracterizado pela dificuldade em decodificação, soletração, fluência e interpretação, com origem neurobiológica, genética e hereditária. Estudos apontam que tal transtorno raramente acontece de forma isolada; geralmente ocorre associado aos problemas de aprendizagem: alterações ortográficas, dificuldade com cálculos e disgrafia, caracterizada pela incoordenação na grafia, uma vez que as habilidades dos cálculos matemáticos e da escrita são desenvolvidas no hemisfério esquerdo, assim como a habilidade da leitura.

Em casos de dislexia, algumas características que podem ser observadas em diferentes faixas etárias merecem a atenção do(a) professor(a). De acordo com Padula, Santos e Lourenceti (2011), na pré-escola, pode-se perceber escasso desenvolvimento da atenção e da coordenação motora, atraso na fala e no desenvolvimento visual, bem como dificuldades para rimas. Na idade escolar, é possível constatar dificuldades de análise e síntese dos sons das palavras, de distinguir direita e esquerda, de identificar os sons que correspondem às letras, pouco reconhecimento de rimas e aliteração, pobreza de vocabulário, alteração da memória de curto prazo, dificuldade na leitura caracterizada pela lentidão e compreensão comprometida. Além disso, podem ser observadas desatenção, dispersão, desorganização e incoordenação motora para a escrita, dificuldade na capacidade de copiar e em cálculos matemáticos. As dificuldades persistem até a vida adulta, incluindo: dificuldade na leitura e na escrita, memória imediata comprometida, dificuldade em aprender uma segunda língua e desorganização geral.

Estudos de investigação de imagem funcional do cérebro revelam uma falha durante a leitura no hemisfério esquerdo, no qual se constata pouca ativação cerebral, conforme imagem seguinte.

Figura 34 Imagem funcional do cérebro

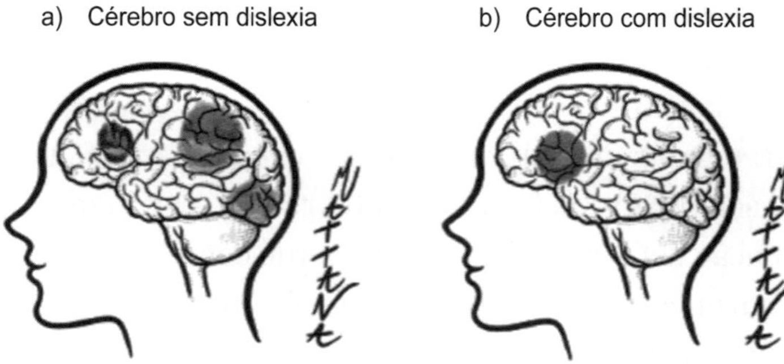

Fonte: Pollyana Mattana.

No contexto de sala de aula, podem ser identificadas crianças que não estão acompanhando o processo de leitura e de escrita, apresentando uma leitura em ritmo lento, assim como trocas na escrita. Será que se trata de um caso de transtorno da aprendizagem? Não necessariamente; nesse caso, é preciso ter cautela e evitar rótulos. Pode se tratar apenas de dificuldade de aprendizagem? É preciso avaliar se, a partir de intervenções pedagógicas, as crianças superam as dificuldades iniciais; nesse caso, podemos pensar em uma provável dificuldade de aprendizagem, não necessitando de intervenção especializada, apenas de monitoramento. Mas se as crianças revelam dificuldades persistentes, pode-se desconfiar de um transtorno de aprendizagem que necessita de intervenção especializada. Nessa situação, é muito importante o encaminhamento para uma equipe multidisciplinar (neurologista, psicólogo, psicopedagogo, fonoaudiólogo, terapeuta ocupacional) para avaliação e conclusão diagnóstica a fim de intervir no caso.

Algumas intervenções escolares, aplicadas em pequenos grupos, podem ser um caminho interessante para compreender a origem da dificuldade da leitura e da escrita observada na criança.

Retomando a questão, quando considerar a dificuldade no aprendizado da leitura e da escrita um transtorno?

A dificuldade no aprendizado da leitura e da escrita pode ser considerada um transtorno quando a sua causa exclui qualquer tipo de relação com fatores externos, como: falta de oportunidade de atividades sociais da leitura e da escrita, ausência de práticas de letramento, instrução escolar inadequada, irregularidade na frequência escolar, bem como acentuada privação social. Se a dificuldade estiver relacionada a algum desses fatores, práticas de letramento no ambiente familiar e instrução escolar adequada minimizariam essa dificuldade.

Por outro lado, quando a dificuldade de leitura e de escrita está relacionada aos fatores internos ao indivíduo, incluindo genéticos e hereditários, podemos pensar em um transtorno específico da aprendizagem com comprometimento da leitura (dislexia), que pode surgir de forma associada ao transtorno específico da aprendizagem com comprometimento da escrita (desvios da ortografia), da expressão da escrita (disgrafia) e da matemática (discalculia), necessitando então de intervenção especializada. Para o direcionamento do diagnóstico preciso, é importante a atuação conjunta de uma equipe multidisciplinar, conforme mencionamos.

Para ilustrar nossa discussão, apresentaremos o caso de uma criança que chegou ao consultório fonoaudiológico acompanhada pela mãe. O motivo da consulta foi a dificuldade na escrita e na leitura que a criança estava enfrentando nas atividades pedagógicas.

> Lara, de 9 anos, que atualmente está cursando o 4º ano do Ensino Fundamental, apresenta dificuldade de leitura e de escrita. Segundo a mãe, durante o 1º ano do Ensino Fundamental, a criança frequentou as aulas por apenas quatro meses, pois adoeceu com frequência, necessitando ser hospitalizada em diferentes momentos. No 2º ano do Ensino Fundamental, não acompanhava o ritmo da turma e sua escrita revelava um nível silábico-alfabético. No 3º ano do Ensino Fundamental, a professora promoveu rodas de leitura em sala e atividades em pequenos grupos para produção de histórias. Nesse período, a criança construiu a hipótese alfabética de escrita, mas ainda apresentava muitas omissões e trocas na escrita, assim como bastante resistência para participar das atividades de leitura. Hoje, Lara costuma trocar letras na escrita como "b" por "p" e "v" por "f", tem dificuldade de produzir texto escrito, bem como apresenta uma leitura bastante lenta e silabada. Segundo a mãe, parece dispersa durante a leitura, mas não apresenta dificuldade de compreensão.

Considerando o caso relatado, as dificuldades na leitura e na escrita sugerem um transtorno específico de aprendizagem em leitura e em escrita?

Não necessariamente, pois tais dificuldades podem estar relacionadas à falta de instrução pedagógica adequada, pois há uma informação relevante no relato da mãe que não pode ser desconsiderada – "o processo de alfabetização da criança foi deficiente, pois ela não chegou a cursar a Educação Infantil, passou diretamente para o 2º ano do Ensino Fundamental".

Para confirmar ou descartar que determinada dificuldade de leitura e escrita se trata de um transtorno, o encaminhamento para profissionais especializados é importante no processo de avaliação. O psicopedagogo avaliará o desempenho acadêmico; a avaliação de um neurologista favorecerá a realização de um mapeamento do cérebro da criança por meio de exames neurológicos, de forma a verificar uma possível causa neurobiológica. O psicólogo será responsável pela avaliação emocional e intelectual e verificação de habilidades necessárias para a aprendizagem, possibilitando detectar possível déficit de atenção; e o fonoaudiólogo avaliará as habilidades auditivas, bem como o desenvolvimento da linguagem oral, da leitura e da escrita.

Listaremos atividades específicas e condutas favoráveis que poderão contribuir com o trabalho educacional diante da dificuldade ou de um transtorno específico de aprendizagem da leitura (dislexia).

1) Adotar uma abordagem multissensorial no trabalho com a leitura e a escrita, ou seja, facilitar a aprendizagem

utilizando-se de todos os recursos possíveis (visual, auditivo e tátil).

2) Realizar atividades para o desenvolvimento da consciência fonológica, por exemplo:

   a) Chamar a atenção da criança para os sons do ambiente.
   b) Propor atividades com rima (identificar palavras que rimam).
   c) Elaborar atividades com manuseio de sílabas.
   d) Apresentar atividades com manipulação de letras na construção de palavras diferentes.
   e) Aplicar atividades com aliteração (som inicial e final de palavras), de forma que a criança reconheça palavras que comecem com o mesmo som e palavras que terminem com o mesmo som.

3) Trabalhar a ampliação do vocabulário.

4) Incentivar a leitura de livros para posterior escrita.

5) Praticar releitura e reescrita.

6) Possibilitar a compreensão da criança nas atividades solicitadas.

7) Não exigir leitura em voz alta.

8) Posicionar a criança próxima do quadro e do(a) professor(a).

Para ampliar seus saberes sobre essa questão, recomendamos:

- Filme

COMO estrelas na terra: toda criança é especial. Direção: Aamir Khan e Amole Gupte. Índia, 2007 (165 min). Disponível em: https://www.youtube.com/watch?v=Ql1lexvIkcc. Acesso em: jul. 2023.

Pergunta 24

QUAL É A IMPORTÂNCIA DO JOGO NA ALFABETIZAÇÃO?

A palavra "jogo" origina-se do vocábulo latino *ludus*, que significa "diversão, brincadeira". Como nós, professores(as), sabemos, o jogo é uma atividade que proporciona, além do prazer, uma série de possibilidades no que se refere à aprendizagem por promover um ambiente planejado, motivador, agradável e enriquecido pelo interesse das crianças. O professor Lino de Macedo (USP), grande pesquisador dessa área, dizia em suas palestras: "Não aprendeu? Põe no jogo".

Dessa maneira, destacamos aqui a importância de inserirmos jogos, brincadeiras, atividades lúdicas em geral em qualquer projeto pedagógico que realizemos no período da alfabetização. Esse recurso proporcionará com mais amplitude a compreensão dos mais diferentes conteúdos pedagógicos.

Para Piaget (1976), a atividade lúdica é o berço obrigatório das atividades intelectuais da criança. Isso porque sabemos que a infância é um período marcado mais pela intuição que pela razão, ou seja, as crianças pelo modo simbólico assimilam o real.

Assim sendo, tanto os jogos concretos quanto os simbólicos são capazes de produzir uma série de conhecimentos novos, entre eles, por exemplo, as regras, aspecto importante para a aquisição da escrita.

Jogos concretos

- Os jogos concretos são aqueles em que as crianças, a partir das peças, vão montando objetos, ou mesmo vão tentando colocá-las umas sobre as outras.

Jogos simbólicos

- Os jogos simbólicos caracterizam-se, por exemplo, pelas brincadeiras de faz de conta.

Jogos de regras

- Os jogos de regras são aqueles em que as crianças precisam observar um modo específico de jogar. Esse jogo demanda certa maturidade, ou seja, a criança precisa ter certo desenvolvimento mental para observar as regras e segui-las.

Quando, por exemplo, o(a) professor(a) propõe às crianças que pulem corda dizendo as letras do alfabeto, está proporcionando a elas a possibilidade de ativar a memória no que diz respeito aos nomes e à ordem das letras, além de promover o desenvolvimento psicomotor. O que acontece nesse tipo de atividade é uma espécie de "disfarce" da obrigatoriedade e seriedade dos conteúdos escolares. As crianças entendem o jogo, mesmo contendo regras que devem ser seguidas, como uma atividade livre e prazerosa, ainda que esteja voltada para um objetivo pedagógico.

Todavia, como importante ferramenta pedagógica, o jogo precisa ser adaptado conforme os objetivos de aprendizagem. Ou seja, os jogos tradicionais, como o bingo, a trilha, a amarelinha, o jogo da memória, o dominó, entre outros, podem conter letras, numerais, sílabas, palavras... Há também, no meio digital, jogos bem interessantes que podem ser utilizados como função impulsionadora do processo de desenvolvimento e aprendizagem da criança. Temos como exemplo o aplicativo chamado Edu Edu[1].

Esse *app* pode ser utilizado para realização de atividades pontuais ou personalizadas com o objetivo de

---

1. Disponível em: https://www.eduedu.com.br/?gclid=CjwKCAjws8yUBhA1EiwAi_tpEYM1bMMkEbbu54ro7yRY9zmeqZFqcfncI-rk6PZGRpPo2UtRhKApcRoCzecQAvD_BwE. Acesso em: abr. 2025.

desenvolver o aprendizado escolar, possibilitando monitorar o progresso do aluno e assim gerar novas atividades voltadas à consciência fonológica, ao sistema de escrita alfabética e à leitura e compreensão de texto.

O material é dinâmico e divertido, incluindo uma variedade de atividades, com vários recursos multimodais como textos, músicas e imagens. Outro recurso muito utilizado recentemente é a gamificação.

A questão que aqui se coloca em relação à utilização dos jogos como ferramenta pedagógica diz respeito ao aspecto competitivo que em alguns casos pode ocorrer. Nesse sentido, é necessário que o(a) professor(a) medie as emoções, por exemplo, no caso da frustração da criança ao perder uma partida.

Uma solução para esse problema é organizar times (grupos) para que as perdas sejam compartilhadas com outras crianças. Esses times devem ser heterogêneos quanto ao gênero e aos níveis de conhecimento das crianças, para que possam ajudar-se mutuamente.

Algumas sugestões

- De preferência, faça o jogo com os alunos, ou seja, confeccione as peças com sucata ou com materiais de fácil aquisição.
- Se possível, construam juntos as regras que serão adotadas.

Exemplo:

Figura 35 Jogo da trilha

Fonte: Pollyana Mattana.

Além das peças com as imagens, devemos ter um dado, desta forma:

Figura 36 Dado

Fonte: Arquivo pessoal.

Ou assim:

Figura 37 Dado de números

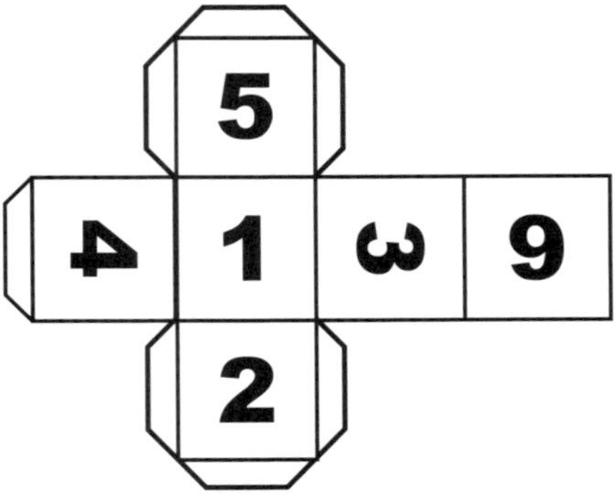

Fonte: Arquivo pessoal.

A escolha de um ou de outro objeto vai depender do objetivo pedagógico.

Figura 38 Peões

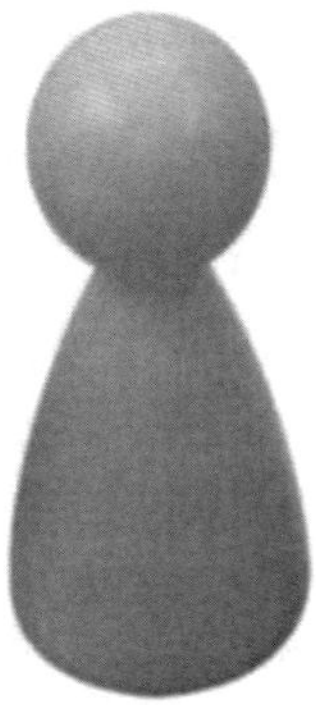

Fonte: Arquivo pessoal.

Os peões podem ser feitos de vários materiais, como tampinhas de garrafa, pedrinhas coloridas, potinhos, entre outros. O importante é que caibam em cima das imagens das letras, dos numerais... Faça um peão para cada jogador.

Esse jogo (a trilha) pode ser elaborado de infinitas maneiras.

- Em forma de tabuleiro para ser jogado em cima da mesa.
- Com caixas de sapato para ser jogado no chão.
- Com caixas de fósforo.
- Desenhado no chão.

Você pode utilizar, por exemplo, letras, números, palavras, sílabas, entre outros.

Elabore também uma tabela com as regras.

As regras do jogo consistem em que todos os participantes comecem pela primeira peça. Para jogar, o primeiro jogador lança o dado e, dependendo do número sorteado, ele avança as casas. Ao chegar à casa sorteada, ele deve "ler" a instrução do que irá acontecer. Os demais fazem o mesmo. O participante que chegar primeiro ao final ganha o jogo.

Elaboração das regras

Você pode elaborar as regras conforme seus propósitos pedagógicos.

Exemplo:

Você precisa que as crianças reconheçam as relações fonema-grafema (letra-som). Organize o jogo de modo que, por exemplo, se o peão parou na letra C, o jogador deverá dizer uma palavra que comece com essa letra. A mesma coisa pode ser feita com números, caso seu propósito seja trabalhar as operações aritméticas. Digamos que o peão parou no número 4. A regra da peça 4 é voltar ou avançar duas casas. De vez em quando, é bom mudar as regras para o jogo ficar mais interessante.

Como já dissemos, são infinitas as possibilidades de utilização desse jogo com o propósito de promover avanços no que se refere aos conhecimentos das crianças. Faça o mesmo com outros jogos, por exemplo, o bingo.

Para ampliar seus saberes sobre essa questão, recomendamos:

- Artigo

ALVES, Luciana; BIANCHIN, Maysa Alahmar. O jogo como recurso de aprendizagem. *Revista Psicopedagogia*, São Paulo, v. 27, n. 83, p. 282-287, 2010. Disponível em: http://pepsic.bvsalud.org/scielo.php?script=sci_arttext&pid=S0103-84862010000200013&lng=pt&nrm=iso. Acesso em: 17 jun. 2023.

- *E-book*

BRANDÃO, Ana Carolina Perrusi Alves; FERREIRA, Andréa Tereza Bito; ALBUQUERQUE, Eliana Borges

Correia de; LEAL, Telma Ferraz. *Jogos de alfabetização*. Recife: Centro de Estudos em Educação e Linguagem (CEEL), 2009. Disponível em: http://www.serdigital.com.br/gerenciador/clientes/ceel/material/28.pdf. Acesso em: jul. 2023.

Pergunta 25

COMO A TECNOLOGIA PODE CONTRIBUIR COM A ALFABETIZAÇÃO?

A tecnologia está presente em todo o mundo, e é preciso fazermos um filtro para definirmos a qual tipo de tecnologia estamos nos referindo. Pois o homem manipula tecnologias desde os primórdios da humanidade com a descoberta do fogo, passando pela manipulação de objetos como os utensílios da Idade da Pedra Lascada e da Pedra Polida, a criação da escrita, chegando até a Revolução Industrial 4.0.

O(A) professor(a) precisa estar conectado com tudo em sua volta e sempre atualizado, pois a tecnologia facilita a interação necessária para o processo de ensino e aprendizagem. Observamos que muitos(as) professores(as) utilizam recursos educacionais dos mais variados, muitas vezes instruídos(as) pelos livros didáticos. Porém, sabemos que muitos(as) outros(as) professores(as) preferem não os usar. Essa negativa ou resistência pode ser evidenciada com o uso das tecnologias digitais e como esses novos recursos podem ser desenvolvidos para o uso educacional.

Antes da chegada dos computadores, o(a) professor(a) utilizava a televisão e o videocassete como recursos educacionais tecnológicos, mas havia uma diferença muito grande entre o planejamento e a execução das aulas, pois alguns fatores dificultavam o processo, por exemplo, o número pequeno de equipamentos disponíveis, a mobilidade (manuseio) desse maquinário e o conhecimento operacional que os(as) professores(as) tinham sobre os equipamentos. Agora, com o avanço tecnológico e o acesso à internet, alguns problemas do passado foram sanados, porém outros persistem, como a operacionalização desses equipamentos.

Há praticamente três tipos de professores(as) que usam a tecnologia:

- O primeiro é aquele educador de vanguarda tecnológica: são professores(as) que estão antenados(as) nas tecnologias e nos recursos mais avançados disponíveis na atualidade e, não satisfeitos(as), procuram muitas vezes até desenvolver algum produto referente à educação.
- O segundo grupo são os(as) professores(as) que esperam os recursos tecnológicos chegarem às escolas. São profissionais que não têm dificuldade em adquirir novos conhecimentos, todavia, são passivos e esperam ser provocados a utilizar a tecnologia.

- O terceiro grupo são aqueles(as) professores(as) que não conhecem tecnologia e de certa forma não usam os recursos disponíveis por três motivos básicos: o desinteresse, a falta de recursos financeiros que os(as) impede de acessar esses meios tecnológicos e o desconhecimento por não haver alguém que possa inseri-los(las) na tecnologia.

Pensando, principalmente, naquele(a) professor(a) que ainda tem dúvidas ou dificuldades em usar as Tecnologias Digitais da Informação e Comunicação (TDIC) como aliadas em sua prática pedagógica, esclarecemos que não basta promover leituras ou atividades na plataforma digital para confirmar o uso eficiente da tecnologia. Essa ação confirmará, apenas, uma mudança no suporte que passa do livro e caderno para as telas do computador ou *smartphone*.

Há recursos de áudio e vídeo que podem ser explorados durante a alfabetização, a exemplo de jogos pedagógicos, vídeos educativos e clipes musicais que o(a) professor(a) poderá retomar em outro momento para explorar os aspectos fonológicos por meio das aliterações, rimas e repetições.

Corroborando a pergunta anterior, que fala da importância dos jogos no processo de alfabetização, as TDIC permitem a utilização e até o desenvolvimento de jogos por meio de plataformas e aplicativos para computadores, *smartphones* e *tablets*. A aplicação desses recursos é conhecida como gamificação, mas o que vem a ser esse termo? Podemos compreender gamificação como os recursos utilizados em jogos, a exemplo de pontuações, medalhas, níveis, engajamento, colaboração, entre outros aplicados em contextos de não jogo.

A tecnologia possibilita uma nova forma de interação entre a comunidade escolar; dessa forma, há uma contribuição efetiva no processo de alfabetização. Até porque, como afirmam Palfrey e Gasser (2011), todos os alunos nascidos depois de 1980 tiveram uma vivência maior na era digital. E o que dizer dos estudantes que nasceram no início do século XXI com a Web 3.0? É na educação que percebemos a importância das interações sociais para o desenvolvimento e a aprendizagem. A tecnologia surge como mais um suporte pedagógico para auxiliar o(a) professor(a) durante o processo de ensino, promovendo outras práticas de letramento.

Para ampliar seus saberes sobre essa questão, recomendamos:

- Vídeos

O USO das tecnologias nos processos de ensino e aprendizagem. *Sala Debate – Canal Futura,* 16 out. 2015. (56:59 min). Disponível em: https://www.youtube.com/watch?v=6Rv0IlDAGI8. Acesso em: jul. 2023.

VALENTE, José. Educação e tecnologia: ontem, hoje e amanhã. *Café Filosófico CPFL*, 18 maio 2021. (23:49 min). Disponível em: https://www.youtube.com/watch?v=ifX7xXKxCD0. Acesso em: jul. 2023.

- *E-book*

FRADE, Isabel Cristina Alves da Silva; GLÓRIA, Julianna Silva; BICALHO, Delaine Cafiero; ARAÚJO, Mônica Daisy Vieira; GARCIA, Fátima Cafiero. *Tecnologias digitais na alfabetização*: o trabalho com jogos e atividades digitais para aquisição do sistema alfabético e ortográfico de escrita [recurso eletrônico]. Belo Horizonte: UFMG/ FaE/Ceale, 2018. Disponível em: https://www.ceale.fae.ufmg.br/files/uploads/Not%C3%ADcias/Tecnologias%20Digitais%20na%20Alfabetizacao.pdf. Acesso em: jul. 2023.

Pergunta 26

O QUE OS(AS) PROFESSORES(AS) DE LÍNGUA PORTUGUESA DOS ANOS FINAIS DO ENSINO FUNDAMENTAL TÊM A VER COM A ALFABETIZAÇÃO?

Teoricamente, não compete aos(às) professores(as) de Língua Portuguesa dos anos finais do Ensino Fundamental o processo de alfabetizar, pois os alunos deveriam chegar, ao início dessa nova fase da vida, alfabetizados plenamente. Porém, a realidade que hoje se apresenta em muitas escolas públicas brasileiras é a de que pelo menos 10% dos estudantes chegam ao 6º ano sem o domínio da escrita e da leitura; porém, esse número pode ser muito maior, principalmente após esses dois últimos anos de pandemia da covid-19. Segundo dados da ONG Todos Pela Educação, o número de crianças brasileiras de 6 e 7 anos que não sabem ler nem escrever aumentou 66,3% de 2019 para 2021. Esse fato angustia o(a) professor(a), que não está preparado para enfrentar essa situação. O que fazer? Como fazer? É o que mais se ouve não somente dos(as) professores(as) de Língua Portuguesa, mas dos outros das demais áreas do conhecimento.

O despreparo do(a) professor(a) especialista para enfrentar esse desafio tem origem histórica. Isto é, os cursos de licenciatura (os de Letras) ainda têm um currículo pautado no ensino de Língua Portuguesa para os que já sabem ler e escrever, como ocorria até 1970. Nesse período, os estudantes, ao terminar o antigo Primário, faziam uma prova de admissão para o também antigo Ginásio, o que os selecionava para essa nova etapa. Certamente, aqueles que não estavam devidamente alfabetizados eram excluídos da escola no que se refere ao prosseguimento dos estudos. Assim sendo, os(as) professores(as) especialistas daquela época não encaravam o desafio de alfabetizar.

Pois é, com a mudança no sistema de ensino em que se extinguiu a peneira, ou seja, quando se instaurou o 1º Grau (conforme a LDB n. 5.692/1971), hoje Ensino Fundamental (LDB n. 9.394/1996), o problema estava na reprovação, o que, de toda forma, também excluía da escola aqueles que não aprendiam a ler. Nos anos 1980, as condutas em relação à reprovação também mudam. Um novo conceito inspirado na teoria construtivista trouxe para o ensino a ideia de que a escola deveria, em vez de reprovar, buscar soluções para as questões de aprendizagem. O problema é que não houve uma formação adequada dos(as) professores(as) para que isso ocorresse. Os estudantes não são mais reprovados, mas muitos não se desenvolvem adequadamente em relação ao domínio da escrita e da leitura.

Nesse caso, voltamos à questão inicial: "O que fazer e como fazer?".

Nossa experiência mostra que há duas possíveis soluções. Uma que aponta para um processo de alfabetização desses estudantes fora do horário regular das aulas, ministrado por um(a) professor(a) especialista em questões de aquisição da escrita. Na prática, sabemos que essa é uma alternativa complexa, tendo em vista a logística que implicaria os estudantes irem à escola fora do horário regular, bem como se dispor de um(a) profissional habilitado(a) para tal tarefa.

A segunda possível solução seria o(a) professor(a) de Língua Portuguesa, em suas aulas regulares, adaptar seu projeto para atender a esses estudantes, aplicando atividades de análise linguística que possam contribuir para o conhecimento do sistema alfabético. Essa atitude do(a) professor(a), que consideramos ser um trabalho hercúleo, por sua vez, demanda conhecimentos sobre a aquisição da escrita que não fazem parte de sua formação no curso de graduação.

Então acreditamos e devemos, como afirmava Paulo Freire (2011), encarar a alfabetização como um elemento, uma estrutura social que está sempre presente nos objetivos do ser humano. A alfabetização não deve ser negligenciada pois "devia tornar-se uma precondição da emancipação social e cultural" (Freire, 2011, [p. 32]). Dessa forma, todos os(as) professores(as), sejam de Matemática, sejam de Geografia, sejam de História, sejam de Arte, sejam de Ciências, sejam de Língua Inglesa, não só o(a) professor(a) de Língua Portuguesa, devem de alguma maneira ter o conhecimento e a habilidade de alfabetizar, em uma situação "incomum" quando os alunos chegam com uma defasagem de anos anteriores. É nesse momento que é preciso adequar o conteúdo a um projeto alfabetizador. Pensando um pouco além, é necessário letrar os alunos que não estão devidamente alfabetizados.

Para ampliar seus saberes sobre essa questão, recomendamos:

- Mídia

COMPARTILHANDO saberes: alfabetização e letramento para os anos finais. *Escola de Formação Paulo Freire*, 19 maio 2023 (1:14:10min). Disponível em: https://www.youtube.com/watch?v=4_3E3bBsTyk. Acesso em: jul. 2023.

Pergunta 27

BASTA TER O DOMÍNIO DE UMA TÉCNICA PARA ALFABETIZAR?

O horizonte da alfabetização é muito mais amplo que uma técnica. O fato é que, quando estamos refletindo sobre o fenômeno da alfabetização, não podemos considerá-lo apenas pela perspectiva de uma operação de aquisição de um código linguístico escrito alfanumérico. Somados à pedagogia, no processo de desenvolvimento de habilidades de leitura e escrita utilizadas para a comunicação, estão envolvidos aspectos psíquicos, psicológicos, sociais, culturais, filosóficos, biológicos, entre outros, que devem ser considerados, pois, em sala de aula, estamos desenvolvendo relações humanas. Assim, é prudente renunciarmos, aqui, à palavra final nas respostas sobre a alfabetização. Procuramos apontar caminhos que impulsionam direções.

Não há uma receita pronta para ser um(a) bom(boa) alfabetizador(a). Entendemos que, para que façamos um trabalho eficiente, é preciso ter conhecimento, ou seja, é preciso ter uma formação pedagógica adquirida nos cursos médios ou superiores voltados para a área da educação. Contudo, a sensibilidade e a prática são fundamentais para que observemos os movimentos que ocorrem durante a aprendizagem da escrita e da leitura, tanto de crianças quanto de adultos.

O enigma da alfabetização está relacionado diretamente ao complexo desenvolvimento humano. Considerando que somos diferentes uns dos outros, os modos e tempos pelos quais construímos o conhecimento tornam as relações de ensino e aprendizagem uma tarefa, muitas vezes, difícil e angustiante. Todavia, somos compensados quando uma criança ou um adulto atinge o nível alfabético da escrita e consegue construir a própria história durante a jornada em busca da proficiência na leitura e na escrita.

Nesse sentido, ainda há muito a ser feito ao longo do processo de escolarização dos estudantes. Nesta última pergunta, listamos algumas etapas que, em geral, consideramos importantes.

A primeira consiste em compreender as abordagens, ou seja, os meios pelos quais podemos desenvolver o processo de alfabetização. Conforme os estudos, o projeto pedagógico pode ocorrer pelos métodos ou pela psicogênese da escrita. Queremos com isso dizer que o(a) professor(a) precisa decidir sobre que caminhos tomar, tendo como fundamento uma das teorias que norteiam a pedagogia.

Na sequência, é decisivo conhecer seus alunos e suas histórias. Estabelecer um vínculo afetivo e de segurança é primordial para acolher os sujeitos em sua formação. Sendo assim, é importante ter conhecimento sobre as famílias, a realidade social, as crenças, os achados clínicos, as experiências linguísticas anteriores, entre outros fatos que auxiliem o(a) professor(a) a compreender quem são aqueles sujeitos que, com ele(a), comporão a unidade chamada sala de aula.

Recomendamos transformar a sala em um ambiente alfabetizador. Para isso, exponha letras (alfabeto), textos de vários gêneros, como listas (com nomes dos alunos, com as tarefas da semana, entre outros), avisos (calendário, tarjas de organização – lugar das coisas), livros de histórias, poesias, painéis de rótulos, entre outros. Conte ou leia histórias, cante músicas que incluam gestos e faça rodas de conversa, de preferência, todos os dias. Adquira ou construa jogos adequados à alfabetização. Sempre que puder, construa esses jogos com os estudantes, de preferência com material reaproveitado.

Lembre-se de que os sujeitos adquirem conhecimento em contato com o objeto. Logo, em brincadeiras ou jogos específicos para crianças ou adultos dirigidos à alfabetização, nas atividades com desenho, recorte, modelagem e na construção de objetos com sucata, é possível promover o desenvolvimento da criatividade e da habilidade motora, a socialização e a compreensão das regras, aspectos fundamentais para a aprendizagem do sistema alfabético.

Quanto ao letramento, busque recolher e utilizar textos que circulem socialmente no contexto em que os estudantes vivem. Rótulos de produtos, documentos de identidade, contas de luz e água, listas de compras, cartazes pela cidade, entre outros, evidenciam a escrita como uma prática social importante para a interação, além de despertarem para a construção da escrita em determinados gêneros textuais/discursivos.

Por fim, recomendamos que esteja sempre atento a questões de natureza emocional que influenciam o desenvolvimento cognitivo dos sujeitos. Em se tratando de crianças, por serem ainda muito intuitivas, precisam ser alimentadas pela imaginação, mas, sobretudo, pelo acolhimento. Para isso, além dos conhecimentos teóricos, agregue sua intuição.

Para ampliar seus saberes sobre essa questão, recomendamos:

- Vídeo

QUANDO sinto que já sei. *Vekante Educação e Cultura*, 29 jul. 2014 (78 min). Disponível em: https://www.youtube.com/watch?v=HX6P6P3x1Qg. Acesso em: jul. 2023.

Referências

AGÊNCIA BRASIL. IBGE revela desigualdade no acesso à educação e queda no analfabetismo. Disponível em: https://agenciabrasil.ebc.com.br/educacao/noticia/2023-06/ibge-revela-desigualdade-no-acesso-educacao-e-queda-no-analfabetismo>. Acesso em: 10 jun. 2023.

AGÊNCIA IBGE NOTÍCIAS. Em 2022, analfabetismo cai, mas continua mais alto entre idosos, pretos e pardos e no Nordeste. Disponível em: https://agenciadenoticias.ibge.gov.br/agencia-noticias/2012-agencia-de-noticias/noticias/37089-em-2022-analfabetismo-cai-mas-continua-mais-alto-entre-idosos-pretos-e-pardos-e-no-nordeste. Acesso em: 10 jun. 2023.

ALEXANDROFF, Marlene Coelho. Os caminhos paralelos do desenvolvimento do desenho e da escrita. *Construção psicopedagógica,* São Paulo, v. 18, n. 17, p. 20-41, 2010.

ALVES, Luciana Mendonça; MOUSINHO, Renata; CAPELLINI, Simone Aparecida. *Dislexia*: novos temas, novas perspectivas. Rio de Janeiro: Wak Editora, 2011.

ALVES, Luciana Mendonça; MOUSINHO, Renata; CAPELLINI, Simone Aparecida. *Dislexia:* novos temas, novas perspectivas. Rio de Janeiro: Wak Editora, 2013. v. 2.

ALVES, Luciana Mendonça; SIQUEIRA, Cláudia Machado M.; LODI, Débora Fraga F.; ARAÚJO, Maria do Carmo Mangelli Ferreira. Introdução à dislexia do desenvolvimento. *In:* ALVES, Luciana Mendonça; MOUSINHO, Renata; CAPELLINI, Simone Aparecida. *Dislexia:* novos temas, novas perspectivas. Rio de Janeiro: Wak Editora, 2011. p. 21-40.

AVALIAÇÃO Nacional da Alfabetização (ANA): documento básico. Brasília, DF: Instituto Nacional de Estudos e Pesquisas Educacionais Anísio Teixeira, 2013. 20 p. Disponível em https://download.inep.gov.br/educacao_basica/saeb/2013/livreto_ANA_online.pdf. Acesso em: jul. 2023.

BELL, Kevin. *Game On!* Gamification, Gameful Design, and the Rise of the Gamer Educator. Baltimore: Johns Hopkins University Press, 2018.

BERNSON, Marthe. *Del garabato al dibujo*: evolución gráfica de los niños pequeños. Buenos Aires: Kapelusz, 1962. (Colección Técnicas de la Educación Artística).

BISOL, Leda. *Introdução a estudos de fonologia do português brasileiro*. 5. ed. Porto Alegre: EDIPUCRS, 2014.

BRANDÃO, Zaia *et al.* O estado da arte da pesquisa sobre evasão e repetência no ensino de 1º grau no Brasil. *Revista Brasileira de Estudos Pedagógicos*, Brasília, v. 64, n. 147, maio-ago. 1983.

BRASIL. Casa Civil. *Lei n. 12.796, de 4 de abril de 2013.* Altera a Lei n. 9.394, de 20 de dezembro de 1996, que estabelece as diretrizes e bases da educação nacional, para dispor sobre a formação dos profissionais da educação e dar outras providências. Brasília, DF: Subchefia para Assuntos

Jurídicos, 2013. Disponível em: http://www.planalto.gov.br/ccivil_03/_ato2011-2014/2013/lei/l12796.htm. Acesso em: 10 jul. 2023.

BUCHWEITZ, Augusto. Language and reading development in the brain today: neuromarkers and the case for prediction. *Jornal de Pediatria,* Rio de Janeiro, v. 92, n. 3, supl. 1, p. S8-S13, 2016.

CAGLIARI, Luiz Carlos. *Alfabetização e Linguística.* São Paulo: Scipione, 1989.

CAPELLINI, Simone Aparecida. Distúrbios de aprendizagem *versus* dislexia. *In*: FERNANDES, Fernanda Dreux Miranda; MENDES, Beatriz; NAVAS, Ana Luiza (org.). *Tratado de fonoaudiologia.* 2. ed. São Paulo: Roca, 2009. p. 352- 361.

CAPOVILLA, Fernando César; VARANDA, Cristina; CAPOVILLA, Alessandra Gotuzo Seabra. Teste de competência de leitura de palavras e pseudopalavras: normatização e validação. *Psic* [*on-line*], v. 7, n. 2, p. 47-59, 2006.

CARLISLE, J. F. Morphological awareness and early reading achievement. *In:* FELDMAN, L. B. (ed.). *Morphological aspects of language processing.* Hillsdale, NJ: Lawrence Erlbaum, 1995. p. 189-209.

CLARK, Sarah; COKER, Siân. Perfectionism, self-criticism and maternal criticism: A study of mothers and their children. *Personality and Individual Differences*, Amsterdam, v. 17, n. 4, p. 321-325, 2009. Disponível em: https://www.sciencedirect.com/science/article/abs/pii/S0191886909001378?via%3Dihub. Acesso em: jul. 2023.

COLTHEART, Max. Modelando a leitura: a abordagem da dupla rota. *In*: SNOWLING, Margareth J.; HULME, Charles (org.). *A ciência da leitura*. Porto Alegre: Penso, 2013. p. 24-41.

CORREA, Jane; MACLEAN, Morag. O desenvolvimento da consciência fonológica e o aprendizado da leitura e da escrita durante a alfabetização. *In*: LAMPRETCH, Regina Ritter (org.). *Aquisição da linguagem*: estudos recentes no Brasil. Porto Alegre: EDIPUCRS, 2011. p. 129-144.

CUNHA, Antônio Geraldo da. *Dicionário Etimológico Nova Fronteira da Língua Portuguesa*. Rio de Janeiro: Nova Fronteira, 1987.

FANTIN, Monica. "Nativos e imigrantes digitais" em questão: crianças e competências midiáticas na escola. *Passagens*, Fortaleza, v. 7, n. 1, p. 5-26, 2016.

FERREIRO, Emilia. *Com todas as letras*. v. 2. São Paulo: Cortez Editora, 1999.

FERREIRO, Emilia; TEBEROSKY, Ana. *Psicogênese da língua escrita*. Tradução de Diana Myriam Lichtenstein, Liana Di Marco e Mário Corso. Porto Alegre: Artes Médicas, 1986.

FERREIRO, Emilia; TEBEROSKY, Ana. *Psicogênese da língua escrita.* 4. ed. Porto Alegre: Artes Médicas, 1991.

FREIRE, Paulo. *Alfabetização*: leitura do mundo, leitura da palavra. Rio de Janeiro: Paz e Terra, 2011.

FRITH, U. *Dyslexia as a developmental disorder of language*. London: MRC, Cognitive Development Unit, 1990.

GAGNO, Roberta Ravaglio; PORTELA, Mariliza Simonete. Gestão e organização da Educação de Jovens e Adultos: perspectiva de prática discente. São Paulo, 2003.

GOMBERT, Jean Émile. *Metalinguistic development.* London, UK: Harvester Weatsheaf, 1992.

HENZ, Rossana Ramos; BEZERRA, Benedito Gomes. Fala, escrita e ensino na percepção de professoras alfabetizadoras. *In:* Roberta Caiado; Isabela Barros; Benedito Bezerra (org.). *Linguagem e interdisciplinaridade*: diferentes gestos de interpretação. 1. ed. São Paulo: Pá de Palavra, 2019, p. 89-115. v. 1.

JAKOBSON, Roman. *Fonema e fonologia.* Rio de Janeiro: Livraria Acadêmica, 1967. (Coleção Clássicos Acadêmicos).

JAKOBSON, Roman. *Linguística e comunicação.* São Paulo: Cultrix, 1995.

JAKUBOVICZ, Regina; MEINBERG, Regina C. *Introdução à afasia*: elementos para o diagnóstico e terapia. Rio de Janeiro: Antares, 1981.

KIM, Sangkyun; SONG, Kibong; LOCKEE, Barbara; BURTON, John. *Gamification in Learning and Education*: Enjoy Learning Like Gaming. Cham: Springer, 2018.

KISHIMOTO, Tizuko Morchida. *Jogos, brinquedo, brincadeira e educação.* São Paulo: Cortez Editora, 1996.

KISHIMOTO, Tizuko Morchida. *O brincar e suas teorias.* São Paulo: Pioneira, 1998.

KLEIMAN, Ângela B. *Preciso "ensinar" o letramento?*: não basta ensinar a ler e a escrever? Campinas: MEC; Cefiel; Unicamp, 2005. (Coleção Linguagem e letramento em foco: Linguagem nas séries iniciais).

LAMPRECHT, Regina Ritter; BONILHA, Giovana Ferreira Gonçalves; FREITAS, Gabriela Castro Menezes de *et al.*

Aquisição fonológica do português: perfil de desenvolvimento e subsídios para terapia. Porto Alegre: Artes Médicas, 2004.

LEVIN, Esteban. *A infância em cena*: constituição do sujeito e desenvolvimento psicomotor. Petrópolis: Vozes, 1997.

LUCKESI, Cipriano Carlos. *A avaliação da aprendizagem escolar:* estudos e proposições. 17. ed. São Paulo: Cortez Editora, 2005.

LUQUET, Georges-Henri. *O desenho infantil*. Porto: Editora do Minho, 1969.

MARCUSCHI, Luiz Antônio. *Da fala para a escrita*: atividades de retextualização. 6. ed. São Paulo: Cortez Editora, 2010.

MÈREDIEU, Florence de. *O desenho infantil*. Tradução de Álvaro Lorencini e Sandra M. Nitrini. 12. ed. São Paulo: Cultrix, 2017.

MORAIS, Artur Gomes de. *Sistema de escrita alfabética*. São Paulo: Melhoramentos, 2012.

MOREIRA, Ana Angelica Albano. *O espaço do desenho*: a educação do educador. 9. ed. São Paulo: Loyola, 2002.

MOTA, Márcia Maria Peruzzi Elia da; SILVA, Kelly Cristina Atalaia da. Consciência morfológica e desenvolvimento ortográfico: um estudo exploratório. *Psicologia em Pesquisa*, Juiz de Fora, v. 1, n. 2, p. 86-92, 2007.

MOUSINHO, Renata; NAVAS, Ana Luiza. Mudanças apontadas no DSM-5 em relação aos transtornos específicos de aprendizagem em leitura e escrita. *Revista Debates em Psiquiatria*, Rio de Janeiro, p. 38-46, maio-jun. 2016.

OLIVEIRA, Dermeval da Hora. *Fonética e fonologia*. Disponível em: http://biblioteca.virtual.ufpb.br/files/fonatica_e_fonologia_1360068796.pdf. Acesso em: 14 mar. 2020.

PALFREY, John; GASSER, Urs. *Nascidos na era digital*: entendendo a primeira geração de nativos digitais. Tradução de Magda França Lopes e Paulo Gileno Cysneiros. Porto Alegre: Grupo A, 2011.

LOURENCENTI, Maria Dalva; PADULA, Niura Aparecida de Moura Ribeiro; SANTOS, Lara Cristina. Dislexia e comorbidades na infância e na adolescência. *In:* ALVES, Luciana Mendonça; MOUSINHO, Renata; CAPELLINI, Simone Aparecida. *Dislexia*: novos temas, novas perspectivas. Rio de Janeiro: Wak Editora, 2011. p. 303-316.

PIAGET, Jean. *A formação do símbolo na criança*: imitação, jogo e sonho, imagem e representação. Tradução de Álvaro Cabral e Christiano Monteiro Oiticica. Rio de Janeiro: Zahar, 1971.

PIAGET, Jean. A psicogênese dos conhecimentos e sua significação epistemológica. *In*: PIAGET, Jean. *Psicologia e pedagogia*. Tradução de Dirceu Accioly Lindoso e Rosa Maria Ribeiro da Silva. Rio de Janeiro: Forense Universitária, 1976.

PIATTELLI-PALMARINI, Massimo (org.). *Teorias da linguagem, teorias da aprendizagem*: debate de Jean Piaget e Noam Chomsky com outros autores. Lisboa: Edições 70, 1987. p. 51-62.

PILLAR, Analice Dutra. *Desenho e escrita como sistemas de representação*. 2. ed. Porto Alegre: Penso, 2012.

PINTO, Álvaro Vieira. *Sete lições sobre a educação de adultos*. 2. ed. São Paulo: Cortez Editora, 2005.

POTTIER, Bernard; AUDUBERT, Albert; PAIS, Cidmar Teodoro. *Estruturas linguísticas do português*. São Paulo: Difel, 1975. Acesso em: 18 abr. 2025.

QUEIROGA, Bianca Arruda Manchester de; LIMA, Rafaela Asfora. Morfossintaxe e fonoaudiologia. *In*: MONTENEGRO, Ana Cristina de Albuquerque; BARROS, Isabela Barbosa do Rêgo; AZEVEDO, Nádia Pereira da Silva Gonçalves de (org.). *Fonoaudiologia e linguística*: teoria e prática. Curitiba: Appris, 2016.

RABELLO, Nancy. *O desenho infantil*: entenda como a criança se comunica por meio de traços e cores. 3. ed. Rio de Janeiro: Wak Editora, 2019.

ROAZZI, Antonio; ASFORA, Rafaela; QUEIROGA, Bianca A. M. Consciência morfossintática: novas explorações. *In*: GUIMARÃES, Sandra Regina Kirchner; MALUF, Maria Regina (org.). *Aprendizagem da linguagem escrita*: contribuições da pesquisa. São Paulo: Vetor, 2010. (Coleção Psicologia da Linguagem).

ROMANELLI, Otaíza de Oliveira. *História da Educação no Brasil*. 17. ed. Petrópolis: Vozes, 1978.

SANTOS, Maria Thereza Mazorra dos; NAVAS, Ana Luiza Gomes Pinto. Distúrbios de leitura e escrita. *In*: SANTOS, Maria Thereza Mazorra dos; NAVAS, Ana Luiza Gomes Pinto (org.). *Distúrbios de leitura e de escrita*: teoria e prática. São Paulo: Manole, 2002. p. 27-74.

SCHERER, Ana Paula Rigatti; PEREIRA, Vera Wannmacher. A escrita da frase na alfabetização: o papel da consciência sintática. *Signo*, Santa Cruz do Sul, v. 38, p. 44-60, 2013.

SCHERER, Ana Paula Rigatti; WOLFF, Clarice Lehnen; NORTE, Julia Silva de Souza. A escrita da palavra e sua relação com a escrita inicial na frase. *ReVEL*, Porto Alegre, v. 17, n. 33, 2019.

SCHIRMER, Carolina R.; FONTOURA, Denise R.; NUNES, Magda L. Distúrbios da aquisição da linguagem e da aprendizagem. *Jornal de Pediatria*, Rio de Janeiro, v. 80, n. 2, abr. 2004.

SILVA, Thaïs Cristófaro. *Dicionário de fonética e fonologia*. São Paulo: Contexto, 2015.

SILVA, Thaïs Cristófaro. *Fonética e fonologia do português*. 10. ed. São Paulo: Contexto, 2012.

SOARES, Magda. *Alfabetização e letramento*. São Paulo: Contexto, 2003.

SODRÉ, Benedicta Stahl. *Cartilha Sodré*. São Paulo: Editora Nacional, 1973. (Coleção Sodré).

STREET, Brian V. *Letramentos sociais*: abordagens críticas do letramento no desenvolvimento, na etnografia e na educação. Tradução de Marcos Bagno. São Paulo: Parábola, 2014.

TERRA, Ernani. *Curso prático de gramática*. 6. ed. São Paulo: Scipione, 2011.

TFOUNI, Leda Verdiani. *Letramento e alfabetização*. 9. ed. São Paulo: Cortez Editora, 2010.

TOMASELLO, Michael. *Origens culturais da aquisição do conhecimento humano*. Tradução de Claudia Berliner. 2. ed. São Paulo: WMF Martins Fontes, 2019.

VYGOTSKY, Lev S. *A formação social da mente*. 4. ed. São Paulo: Martins Fontes, 1991.

VYGOTSKY, Lev S. *Pensamento e linguagem*. São Paulo: Martins Fontes, 1993.

VYGOTSKY, Lev S.; LURIA, Alexander R.; LEONTIEV, Alex N. *Linguagem, desenvolvimento e aprendizagem*. 11. ed. São Paulo: Ícone, 2010.

ZORZI, Jaime Luiz. *Aprender a escrever*: a apropriação do sistema ortográfico. Porto Alegre: Artes Médicas, 1998.

ZORZI, Jaime Luiz. *Aprendizagem e distúrbios da linguagem escrita*: questões clínicas e educacionais. Porto Alegre: Artmed, 2003.

ZORZI, Jaime Luiz. Desvios na ortografia. *In*: NAVAS, Ana Luiza G. P.; FERNANDES, Fernanda Dreux Miranda; MENDES, Beatriz Castro Andrade (org.). *Tratado de fonoaudiologia*. 2. ed. São Paulo: Roca, 2009. p. 342- 351.

Lista de imagens e quadros

Figura 1	A fotografia corresponde a um serviço de conserto de panelas que passa de vez em quando pela Ilha do Massangano	27
Figura 2	Representação das áreas cerebrais	33
Figura 3	Cordel	37
Figura 4	Bilhete de Natal	41
Figura 5	Página da Cartilha	65
Figura 6	Atividade em cartilha com a família do M	66
Figura 7	Atividade em cartilha com a família do P	67
Figura 8	Lista de objetos do jogo	86
Figura 9	Reescrita infantil	87
Figura 10	Objetos pessoais	87
Figura 11	Móbile (cabide) de letras	88
Figura 12	Painel do alfabeto	90
Figura 13	Amarelinha com letras	91
Figura 14	Pula corda do alfabeto	91
Figura 15	Dentro ou fora	92
Figura 16	Escrita infantil	93
Figura 17	Jogo sonoro	94
Figura 18	Treino motor	100
Figura 19	Período silábico	115
Figura 20	Fase silábica com e sem valor sonoro (objetos pessoais)	117

Figura 21 Escrita espontânea 119
Figura 22 Aparelho fonador 125
Figura 23 Funcionamento das pregas vocais 126
Figura 24 Tabela das consoantes do Alfabeto Fonético Internacional (AFI) 127
Figura 25 Alfabeto Fonético do Português Brasileiro 128
Figura 26 Vogais do Alfabeto Fonético Internacional 129
Figura 27 Atividade para acentuação 132
Figura 28 Letra inicial da palavra 135
Figura 29 Teto e chão 176
Figura 30 Apoio na oralidade 177
Figura 31 Hiperseguimentação 178
Figura 32 Jogo torto 182
Figura 33 Jogo dos sete erros 183
Figura 34 Imagem funcional do cérebro 188
Figura 35 Jogo da trilha 200
Figura 36 Dado 200
Figura 37 Dado de números 201
Figura 38 Peões 201

Quadros

Quadro 1 Atividade de palavras em lacunas 118
Quadro 2 Formas de representação do fonema 123
Quadro 3 Vogais do IPA 130
Quadro 4 As tonicidades das sílabas no PB 134
Quadro 5 Atividade do pomar 150
Quadro 6 Ditado de palavras primitivas e derivadas 155

Sobre as autoras e o autor

Rossana Ramos

É graduada em Letras e Pedagogia, pós-doutora em Linguística pela Universidade Católica de Pernambuco (Unicap), doutora e mestre em Língua Portuguesa pela Pontifícia Universidade Católica de São Paulo (PUC/SP). É professora da Unicap – Programa de Pós-Graduação em Ciências da Linguagem – e da Universidade do Estado de Pernambuco (UPE), na graduação em Letras e no Programa Profletras. Fundou e dirigiu a Escola Viva de Cotia (SP) por quinze anos. É autora de doze livros nas áreas infantil e pedagógica. Entre as obras, destaca-se *Na minha escola todo mundo é igual*, publicado pela Cortez Editora.

Isabela Barbosa do Rêgo Barros

É professora e pesquisadora do Programa de Pós-Graduação em Ciências da Linguagem da Unicap. Mestre em Ciências da Linguagem pela Unicap e doutora em Letras pela Universidade Federal da Paraíba (UFPB). Graduada em Fonoaudiologia e em Letras, pós-doutora em Linguística, é professora convidada desde 2012 para ministrar disciplina no curso de Educação Especial do Centro Universitário Frassinetti do Recife (UniFafire).

Renata Fonseca Lima da Fonte

É professora e pesquisadora do Programa de Pós-Graduação em Ciências da Linguagem e do curso de Letras da Universidade Católica de Pernambuco (Unicap). Mestre em Letras, pós-doutora e doutora em Linguística pela UFPB. Especialista em Linguagem pelo Conselho Federal de Fonoaudiologia (CFFa). Graduada em Fonoaudiologia e em Letras.

Flávio Rômulo Alexandre do Rêgo Barros

É graduado em Letras e Pedagogia, especialista em Alfabetização e Letramento, mestre em Ciências da Linguagem e doutorando em Ciências da Linguagem pela Unicap. Atua há mais de dez anos como professor de Educação Básica, principalmente no Ensino Fundamental – Anos Finais, em Jaboatão dos Guararapes (PE). É professor convidado nas pós-graduações da Fafire e da Autarquia Educacional da Mata Sul (AEMASUL/Facip).

GRÁFICA PAYM
Tel. [11] 4392-3344
paym@graficapaym.com.br